히치콕

ALFRED HITCHCOCK by Bernhard Jendricke

© 1993 by Rowohlt Taschenbuch Verlag GmbH, Reinbek bei Hamburg

Korean Translation © 2021 by EWHA BOOKS

All rights reserved.

The Korean language edition is published by arrangement with

Rowohlt Verlag GmbH through MOMO Agency, Seoul.

히치콕 영화의 거장

초판 1쇄	찍은 날 2021년 8월 18일
초판 1쇄	펴낸 날 2021년 8월 25일
지은이	베른하르트 엔드리케
옮긴이	홍준기
발행인	육혜원
발행처	이화북스
등 록	2017년 12월 26일(제2017-0000-75호)
주 소	서울특별시 마포구 월드컵북로 400 서울산업진흥원 5층 15호
전화	02-2691-3864
팩스	031-946-1225
전자우편	ewhabooks@naver.com
편집	정이화
디자인	책은우주다
마케팅	임동건
ISBN	979-11-90626-15-6 (04900)

영화의 거장

히치콕

Alfred Hitchcock

베른하르트 옌드리케 지음 | 홍준기 옮김

이화북스

차례

1. "영화에 대한 애정이 도덕보다 중요하다"[1]

1950년대 이래로 앨프레드 히치콕Alfred Hitchcock은 동시대의 어떤 다른 감독들보다도 세계적으로 더 많은 인기를 누려왔다. 그의 이름은 그가 발전시킨 한 영화 장르의 상징이 되었다. 이 장르의 독특한 스타일은 오락적 요소들과 최고의 예술적 요구를 겉으로 보기에는 아무 힘도 들이지 않고서 결합시킨 듯한 인상을 준다. 그의 스타일은 너무나 독특해서 장 뤼크 고다르Jean-Luc Godard 같은 프랑스의 유명한 감독이 히치콕의 영화는 첫 장면만 보아도 대번에 그의 것임을 알 수 있다고 말할 정도이다.[2]

히치콕은 또한 동료 감독뿐만 아니라 그가 고용한 어떠한 배우들보다도 더 유명했다.[3] 관객들이 그의 등장을 기다리다가 영화의 줄거리를 놓치는 것을 막기 위해서 그는 자기가 엑스트라로 짧게 등장하는 장면을 – 말하자면 그는 이 장면으로 그 영화가 자신의 작품임을 표시했다 – 영화의 앞부분에 넣어야 할 정도였다. 바로 히치콕 자신이 그의 영화의 주인공이었던 것이다.

개인으로서의 히치콕에 대한 이미지는 영화사에서 빼놓을 수 없는 「사이코Psycho」나 「새The Birds」와 같은 작품을 만든 유명 감독으로서의 그의 지위와는 아주 대조적이다. 오로지 영화만을 위해서 살았던 광적인 영화감독이라는 전설이 살아 있지만, 빅토리아 시대풍의 교육을 받은 영국 상인 가정의 아들이라는 개인적 모습에 대해서는 알려진 것이 별로 없다. 편지라든가 일기장 또는 메모와 같은 개인적인 문서들도 거의 남아 있지 않다. 평생 자기 자신에 대해 무언가를 밝히는 것을 두려워했던 그의 성격은 "나는 내 현재의 흔적을 남기지 않는다"[4]라는 말에서 절정을 이룬다.

히치콕은 남들이 자신의 사생활을 들여다보는 것을 거의 허락하지 않았다. 살면서 가장 진하게 느끼는 감정이 무엇인가라는 질문에 대해 그는 다음과 같이 말한 적이 있다.

"나는 너무나 두려움이 많습니다. 그래서 나는 모든 종류의 어려움과 복잡함에서 벗어나기 위해 내가 할 수 있는 모든 것을 하죠. 나를 둘러싼 주위가 구름 한 점 없이 투명하고 조용한 것을 좋아합니다. 예컨대, 잘 정돈된 책상은 마음의 평정을 가져다 줍니다."[5]

솔직한 자기 고백일까, 아니면 대중에 관한 전문가로서 세련되게 자신을 표현한 것일까?

히치콕의 개인적 삶이 그렇게 평범하고 조용했던 반면, 그가 예술가로서 성장하는 과정은 매우 독특했다. 그는 한 분야가 아니라 네 분야를 섭렵했기 때문이다. 그는 무성영화에서 출발해서 그다음에 유성영화를 만들었고, 그 후에는 할리우드에서 감독으로 계약을 맺고 활동했으며, 1948년 이후 컬러 영화를 만들었다. 그의 이러한 활동 단계들 중 어느 한 단계만으로도 그는 세계 영화사에서 높은 지위를 부여받기에 충분할 것이다. 앨프레드 히치콕은 인간이면 누구나 공감할 수 있는 작품을 만들고 싶어 했다.

"만약 하나의 영화를 제대로 만들었다면, 정서적으로 볼 때 일본의 관객이나 인도의 관객이나 같은 장면에서 비슷하게 반응할 것입니다. 이것이 감독으로서 내가 항상 중요하게 여기는 것입니다."[6]

■ 히치콕의 자화상

2. 상인의 아들

세기의 전환기에 찍은 한 사진은 런던 동쪽의 근교에 위치한 레이
턴스톤^{Leytonstone}(당시에는 행정적으로 런던에 속하지 않았다)에 있는 일곱 살 난
히치콕의 모습을 보여준다. 부모의 야채 가게 앞에서 아직 다 자라
지 않은 조랑말 위에 마치 왕좌에 오른 듯 의젓하게 앉아 있는 앨프
레드와 말의 고삐를 잡고 서 있는 아버지 히치콕이 함께 포즈를 취
하고 있다. 둘 다 똑같이 식민지 시대풍의 제복을 입고 있는데, 아들
에게서는 카메라를 의식하며 아버지와 똑같은 자세와 표정을 취하
려고 애쓴 흔적이 역력히 보인다.

   히치콕의 아버지가 사진에서 보여주는 부유하고 자의식이 강한
시민의 포즈는 전혀 어색하게 과장된 것이 아니다. 오히려 그의 사
회적인 위치에 걸맞은 포즈라고 볼 수 있다. 윌리엄 히치콕은 부유
한 사업가로서 이룬 모든 것으로 자신과 가족을 과시할 수 있었으
며 이것을 사진으로 찍어 기록에 남길 수 있었다. 그는 레이턴스톤

▪ 야채 가게 앞에 서 있는 윌리엄 히치콕과 그의 아들 앨프레드, 1906년경

과 같은 작은 마을에서는 이른바 명사名士로 통했던 것이다.

그와 그의 아내 에마Emma는 하이로드High Road 517번지에서 1896년부터 가게를 운영하기 시작했고 이후 사업은 계속 번창했다. 윌리엄 히치콕은 영국 국내에서 생산된 과일과 식민지에서 생산된 채소와 과일을 거래하는 것을 아버지로부터 배웠다. 그는 이미 어린 나이에 집안에서 운영하던 레이턴스톤 남쪽에 있는 이웃 마을 포리스트게이트Forest Gate의 작은 가게를 인수했다. 하지만 그의 가족에게 상인이라는 직업은 그다지 뿌리 깊은 것은 아니었다.

앨프레드 히치콕의 친할아버지 조지프 히치콕Joseph Hitchcock은 원래 어부였다. 1851년 그는 한 일용노동자의 딸인 아일랜드 출신의 앤 머호니Ann Mahoney와 영국 국교의 의식에 따라 결혼했다. 이것은 그녀가 가톨릭 신자라는 점과 자녀를 가톨릭식으로 교육한 점을 감안하면 특이한 일이었다. 조지프 히치콕과 앤 머호니는 아홉 남매를 낳았고 그중 앨프레드의 아버지 윌리엄은 1862년 9월 4일, 조지프가 그동안 야채 상인으로 자리 잡은 웨스트햄West Ham 지역에 있는 스트랫퍼드Stratford에서 태어났다.

앨프레드의 어머니 에마는 남편보다 한 살 어렸고, 마찬가지로 웨스트햄 지역에서 성장했다. 그녀의 조상은 아일랜드 출신의 이주자였다. 그들은 낮은 계층의 사람들이 주로 사는 한 변두리 지역에 정착했다. 전통적으로 노동자 거주지역인 이곳 동부에서 에마의 아버지 존 휠런John Whelan은 경찰관으로 일했다. 그의 직업은 이웃에게 좋은 이미지를 주지 못했다. 런던의 노동자 계층에서 경찰관은 부자들의 앞잡이나 타락하고 폭력적인 사람으로 통했기 때문이다. 그의 외손자도 후에 "나는 결코 경찰관이 되고 싶지는 않았습니다"[7]라고 말했다. 노동자 계층 안에서 성장한 히치콕에게 경찰관이 얼마나 부정적인 영향을 미쳤는지는 경찰관들이 통상적으로 어리석고 좋지 못한 사람들로 묘사되는 그의 영화들에서 잘 나타난다.

윌리엄 히치콕과 에마 휄런은 1886년에 결혼했다. 결혼식은 업턴Upton에 있는 '파도바의 성 안토니우스' 성당에서 가톨릭 의식에 따라 이루어졌다. 그들은 스트랫퍼드에 자리를 잡았고 그곳에서 가게를 열었다. 1890년 세 자녀 중 첫째인 윌리엄 히치콕 주니어William Hitchcock junior가 태어났고, 1892년 9월에는 엘런 캐슬린Ellen Kathleen(부모는 그녀를 '넬리Nellie'라고 불렀다)이 태어났다. 그리고 뒤늦게 1899년에 막내인 앨프레드 히치콕이 태어났다.

앨프레드는 힘든 노동을 해야 하는 환경에서 성장했다. 부모의 집은 가게와 같은 건물에 있었고 아침 일찍부터 저녁 늦게까지 지속되는 아버지의 일과가 가족들의 모든 삶을 결정지었다. 히치콕은 농산물 장사가 대세였던 이 지역에서 보낸 청소년기에 대한 기억을 자기 영화에서 자주 재현했다. 그의 마지막에서 두 번째 영화인 「프렌지Frenzy(광란)」에서도 그가 어린 시절부터 항상 보아왔던, 과일을 실은 마차가 등장하는 장면이 나온다.

막내인 프레드Fred(가족들은 앨프레드를 이렇게 불렀다)는 형제들과 그다지 친밀한 관계를 유지했던 것 같지는 않다. 그리고 다 커서도 그의 형과 누나는 히치콕의 생애에 이렇다 할 만한 역할을 하지 않았다.

가족이 모이면 그는 "말없이 구석에 앉아 모든 것을 유심히 바라보고 관찰"할 뿐이었다.

> "나는 항상 그랬고 사실 지금도 그렇습니다. 나는 전혀 뭘 요구하는 법도 없었으며, 항상 혼자였습니다. 누구와 같이 놀아본 기억조차 없고요. 나는 놀아도 혼자 놀았고, 스스로 나의 놀이를 만들어내곤 했습니다."[8]

그는 형과는 달리 부모의 가게에도 그다지 관심이 없었다. 앨프레드는 모든 집안일에 결정권을 가진 어머니에 의해 응석받이 외동아들처럼 자랐고, 자녀들보다는 사업에 더 몰두했던 "약간 다혈질의"[9] 아버지에 의해서는 엄하게 교육받았다. 히치콕이 평생 화젯거리로 삼았던 한 일화가 있는데, 그것은 아버지의 교육방식이 어떠했는지를 잘 보여준다. 물론 실화인지 아닌지는 분명하지 않지만, 그것은 앨프레드가 여섯 살 때의 일이었다. 그는 혼자 버스를 타고 런던 거리를 여기저기 돌아다니는 것을 무척 좋아했다. 어느 날 저녁한 버스 종점에서 그는 집으로 되돌아갈 차비가 없다는 사실을 깨닫고 너무 놀랐다.

> "그래서 나는 할 수 없이 걷기로 작정했는데 밤 아홉 시가 넘어서야 겨우 집에 도착했습니다. 아버지는 전혀 꾸중도 안 하시고 문을 열어주셨죠."[10]

▪ 1910년경의 런던

　대신 아버지는 앨프레드에게 길모퉁이에 있는 파출소에 가서 자기 친구인 왓슨이라는 경찰관에게 쪽지를 전하라고 심부름을 보냈다. 쪽지를 읽은 그 경찰관은 무슨 일인지 영문도 모르는 앨프레드를 5분간 감옥에 가두었다. 아버지가 쪽지에 그렇게 해달라고 요청했기 때문이었다.

　"아버지의 친구는 단지 이렇게 말했습니다. '못된 아이는 이렇게 벌받지.'"[11]

이 일화는 사실이건 아니건 간에 경찰관과 감옥에 대한 히치콕의 공포를 설명하는 데 인용된다. 이느 정도나 하면, 교동위반으로 경찰에게 불려 세워지는 것조차 싫어서 자기 차의 운전대를 잡는 일마저 꺼렸다고 한다. 어린 시절을 돌아보면서 히치콕은 자기를 엄습했던 불안, 외로움, 그리고 버림받은 느낌과 같은 것들을 항상 이야기했다.

"불안? 그것은 나의 삶과 직업에 영향을 주었습니다. 다섯 살 혹은 여섯 살 시절의 일이 기억나는군요. 일요일 저녁이었는데 그 시간은 일주일 중에서 유일하게 부모님이 일하지 않는 시간이었습니다. 그들은 나를 잠자리에 눕히고 산책하기 위해 하이드파크Hyde Park로 갔습니다. (…) 당신들이 돌아올 때까지 내가 잘 자리라고 믿었던 것이죠. 그런데 어쩌다 나는 잠에서 깨게 되었습니다. 엄마 아빠를 열심히 불렀죠. 물론 아무 대답이 없었습니다. 어둠만이 내 주위에 있을 뿐이었습니다. 나는 떨면서 일어나 텅 비고 어두운 집안을 헤매었습니다. 그러다가 부엌에 들어가게 됐는데 거기에서 차가운 고기 한 조각을 발견하게 되었죠. 나는 눈물이 마르는 동안 슬픔을 달래면서 그것을 먹었습니다."[12]

이 일화 역시 히치콕이 자기의 성격을 설명하기 위해, 그리고 불안과 공포라는 주제에 대한 자신의 끊임없는 관심을 잘 이해시키기 위해 드는 레퍼토리 중 하나이다. 어쨌든 확실한 것은 신체에 관해

부끄러움이 많고 그 때문에 한 번도 운동을 해본 적이 없던, 항상 혼자 있기를 좋아하던 내성적인 어린아이가 일찍부터 먹는 즐거움이 마음을 달래주는 약이라는 사실을 발견했다는 일이다. 그리고 이것은 그러지 않아도 이미 문제되고 있던 그의 비만증의 경향을 더욱 촉진시켰다. 히치콕의 영화에서 음식이 중요한 역할을 하고 종종 그것이 성(性)과 폭력으로 연결되는 것은 결코 우연이 아니다. 예를 들면 「프렌지」에서는 미친 살인자가 어느 여자를 목 졸라 죽인 뒤 모든 것을 다 제쳐두고 우선 성급히 사과를 먹는 장면이 나온다. 만약 살해당한다면 어떤 방식으로 죽고 싶으냐는 한 기자의 질문에도 히치콕은 이렇게 대답했다.

"여러 가지 좋은 방법이 있습니다. 먹는 것도 그중 하나죠."[13]

3. 교회와 영화관 사이에서

에마 히치콕은 아이들을 가톨릭식으로 키우는 것을 매우 중요시했다.

"우리는 가톨릭 가족이었습니다. 그리고 영국에서 그것은 그 자체만
으로도 일단 비정상적인 일이었죠. 나는 철저히 종교적으로 교육받
았습니다……. 나는 스스로 가톨릭적 예술가라고 생각하지는 않지
만 어린 시절의 교육은 충분히 한 사람의 생애에 영향을 미치고 그
의 본능을 이끌 수 있다고 생각합니다. (…) 나는 절대 반(反)종교적이
지는 않습니다. 하지만 아마 이 방면에 있어서는 때때로 무관심한가
봅니다."[14]

어머니의 성화에 못 이겨 그는 일요일마다 스트랫퍼드에 있는
성당에 미사를 드리러 가야만 했다. 가톨릭 미사의 바로크적 장중함
은 어린 히치콕에게 대단한 감동을 주었다. 한번은 그가 미사 동안

미사 봉사자로 일하게 해달라고 성당 관리인을 매수한 적도 있다.

> "그는 나에게 그것을 하도록 허락했습니다. 그러나 미사가 시작되
> 자마자 나는 미사 때 신부님에게 어떻게 대답해야 하는지 배운 적도
> 없다는 사실과 이와 같은 일을 해본 적이 없다는 사실을 떠올리게
> 됐습니다. 단지 의식에 참여하고 싶다는 어린 나이의 바람으로 그
> 일을 했던 것이죠."[15]

일요일 미사 참석보다 히치콕에게 더 지속적인 영향을 미친 것
은 ─ 물론 긍정적인 의미만은 아니지만 ─ 그가 1910년 가을부터
스탬퍼드힐Stamford Hill에 있는 예수회 학교에 다니게 된 일이다.

열한 살의 앨프레드가 입학시험에 합격한 후 다니게 된 성 이그
나티우스St. Ignatius 학교는 좋은 교육기관이라는 평판을 얻고 있었다.
거기서는 빅토리아 시대풍의 도덕규범을 여전히 높이 평가하고 근
면, 규율, 질서를 중시했는데, 이는 앨프레드의 아버지 역시 높이 평
가하던 미덕이었다. 그리고 그것들은 사업에서의 성공이 보여주듯
이 사실상 그에게 현금을 벌어다 준 덕목들이었다.

> "아마도 예수회 교도들과 같이 보냈던 그 시기에 나의 불안감이 최
> 고로 커지게 된 것 같습니다. 도덕적 불안감 말입니다. 즉 익과 접하
> 게 될지도 모른다는 불안감이죠. 나는 악을 피하기 위해 끊임없이
> 노력했습니다. 왜냐고요? 글쎄요. 아마도 회초리 세례에 대한 신체

적 두려움 때문이었는지도 모르죠."[16]

신체에 벌을 가하는 것은 일반적인 교육방식 중 하나였는데, 이것은 교활한 예식에 따라 이루어졌다.

"열 살 난 가련한 소년에게 가장 견디기 힘들었던 일은 그 자신이 언제 벌을 받을 것인가를 스스로 결정해야 하는 것이었습니다."[17]

당연히 그는 가능한 한 벌을 뒤로 연기하려고 했고 그러면 그럴수록 벌에 대한 생각이 그를 더 괴롭혔다. 그로부터 50년이 지난 후에도 히치콕이 학생시절을 회상할 때면 가장 먼저 떠오르는 것은 신부, 즉 "종교의 경찰관"[18]이 주는 처벌 방법이었다. "예수회 신도들은 항상 나를 죽도록 놀라게 했고, 이에 대한 복수로 나는 다른 사람들을 공포에 떨게 하는 것입니다"[19]라고 그는 어떤 인터뷰에서 말했다.

히치콕은 자신이 당한 고통에 대한 보상을 받기 위해 후에 감독이 되어서 관객들을 놀라게 할 때까지 기다릴 필요가 없었다. 이미 학생시절부터 그는 예수회 선생들을 골탕 먹이고 다른 학생들에게 못된 짓을 하는 것에 능숙했다.

당시 히치콕과 같이 학교를 다녔던 로버트 굴드Robert Goold의 기억이 믿을 만하다면, 히치콕은 신부의 닭장에서 달걀을 훔쳐다가 학교의 창문에 던지는 장난을 했다.[20] 이와 유사하지만 결코 단순한 장난으로만 볼 수 없는 – 굴드는 히치콕이 자기에게 가한 괘씸한 한 행위를 예로 들었다[21] – 그러한 행위들은, 별로 눈에 띄지 않고 조용하며 오히려 수줍음이 많은 듯한 학생으로서의 자신의 이미지를 전혀 손상시키지 않으면서도 정해진 규범을 깨고 드러나지 않게 저항하는 이 예수회 학생의 재능을 보여준다.

사춘기 시절부터 매우 뚱뚱했고 스스로도 얘기하다시피 "특별한 매력 없는 이 젊은이"[22]는 20대 중반에 이르기까지 결코 데이트를 해본 적이 없고 사람들 사이에서도 소심하고 폐쇄적인 사람으로 통했다. 하지만 이와는 반대로 그의 학교 성적은 주목할 만한데, 그는 학급에서는 우등생에 속했고 첫해에는 상을 받기까지 했다.

학교 밖에서 히치콕의 관심사는 도덕과 위신을 내세우는 학교의 분위기와는 정반대되는 것들이었다. 특히 범죄행위들이 그의 관심을 끌었다. 그는 올드 베일리Old Bailey라는 전통 깊은 배심원 재판소에서 살인사건이 다루어질 때면 자주 찾아가 구경을 하곤 했다. 또 범죄에 사용된 도구들과 다른 유명한 사건들에 관련된 물건들이 전시된 런던 경찰국의 경찰 박물관은 그의 관심을 끌기에 충분했다. "범죄는 나를 매혹시켰습니다"라고 그는 훗날 고백했다.

"나는 그것이 매우 영국적인 현상이라고 생각합니다. 영국인들은 범죄소설에 대해 이상하리만치 특별한 관심을 가지고 있는데, 그것은 코넌 도일까지 거슬러 올라간다고 볼 수 있습니다."[23]

■ 올드 베일리, 런던의 배심원 재판소

　소설 『브라운 신부Father Brown』에서 가톨릭교와 범죄학을 가장 인
기 있게 결합한 길버트 키스 체스터턴Gilbert Keith Chesterton의 탐정소설들
과 히치콕이 1930년대에 영화화한 『39계단The Thirty-nine Steps』을 쓴 작
가 존 버컨John Buchan의 작품들이 히치콕이 가장 좋아하는 책 목록에
속한다는 사실은 결코 우연이 아니다.
　음산하고 흉악하며 괴상한 일들만이 그의 관심을 끌었던 것은
아니다. 그는 당시 특히 상류계층에서는 천시되던 대중오락인 영화

에도 완전히 사로잡혔다. 그의 부모가 "연극이라면 사족을 못 쓰는 사람들"[24]이었던 점을 감안하면 이러한 경향이 바로 아들에게 전이된 것이라고 말할 수도 있다. 연극에 대한 정열로부터 영화에 대한 관심으로 옮겨 가는 것은 한 발짝 차이니까 말이다.

1913년 7월에 히치콕은 학교교육을 마쳤다. 그는 직업에 대한 뚜렷한 생각이나 어떤 특정한 활동에 대한 관심도 없이 그냥 성 이그나티우스 학교를 졸업했다. 부모의 가게를 물려받고 싶다든가 하는 생각을 피력한 적도 없다.

그가 미래에 대해 얼마나 목표가 없었는가 하는 것은 제1차 세계대전이 일어나기 직전, 1913년 가을부터 1914년 말까지 그가 이수했던 런던대학교의 공개 야간강좌의 과목에서 명확히 드러난다. 그는 항해교육에서부터 전기 및 역학의 기초에 이르는 매우 다양한 강좌를 뚜렷한 목표 없이 임의로 선택해 수강했다. 아마도 그때 디자인, 절단기술, 제철기술, 그리고 선반 다루는 기술 같은 과목도 이수한 것 같다.

윌리엄 히치콕은 당시 이미 오랫동안 병상에 있었다. 평생 그는 신경병으로 고생했고 하복부의 고름으로 인해 유발된 신장염으로 1914년 12월 12일 세상을 떠났다. 갑자기 가족들은 가장을 잃게 되었다. 히치콕의 가족에게 돈을 벌 길이 완전히 사라진 것은 아니었으나 당시 자기의 취향과 재능이 어디에 있는가를 아직도 어렴풋이 모색하고 있던 막내를 장기적으로 마냥 지원할 경제적 여유는 없었다.

"열다섯 살 때 나는 자가용 차에서 밖으로 내던져진 셈이었습니다. 그때부터는 걸어야만 했죠……. 돈을 한 푼도 벌지 못하던 나는 결국 나 스스로에게 모든 것을 걸 수밖에 없었습니다."[25]

전쟁이 시작되자 일자리가 많이 생겨 히치콕은 헨리 전신회사 Henley Telegraph and Cable Company에 기술자로 취직하게 되었고 1915년 초부터 거기서 일을 시작했다. 중요한 전쟁 물자인 전선을 생산하는 헨리 전신회사는 당연히 번성했다. 그곳에서 히치콕이 한 일은 다양한 전선의 강도와 용량을 계산하는 것이었다.

그는 이 일에 별로 매력을 느끼지 못했을뿐더러 열심히 하고 싶어 하지도 않았다. 그래서 그는 계속하여 야간학교를 다녔으며 특히 그림과 디자인에 몰두했다. 그러던 중 그의 상관 중 한 명이 히치콕의 예술성을 발견하고는 그를 광고부로 옮겨주었다.

"그래서 나는 디자인을 시작할 수 있게 되었습니다."[26]

그는 이제 회사 광고 그림을 그렸고 시간이 날 때는 사보인 「헨리Henley」를 위해 직원들의 캐리커처를 그렸다. 전쟁이 난 지 4년째 되던 해에 그는 징집되었으나 몸이 비대해 무용한 사람으로 분류되었다. 그 후 그는 국립기술자회와 전쟁이 끝난 후에도 훈련을 계속했던 재향군인회에 자발적으로 가입했다. 한편 그는 시간이 날 때마다 영화관을 찾았다.

"나는 엄청난 연극·영화광이었습니다. 저녁때면 종종 영화 시사회에 가곤 했죠. 나는 연극도 자주 보았지만 영화가 더 나를 끌었습니다. 영국 영화보다는 미국 영화에 더 관심이 있었죠. 나는 채플린과 그리피스David Wark Griffith의 영화, 파라마운트 페이머스 플레이어스 영화사Paramount-Famous-Players-Film의 모든 영화, 버스터 키턴Buster Keaton, 더글러스 페어뱅크스Douglas Fairbanks, 메리 픽퍼드Mary Pickford, 그리고 독일 영화사 데클라 비오스코프Decla-Bioscop의 작품들을 보았습니다. 이 회사는 UFA의 전신이었고 무르나우Friedrich Wilhelm Murnau도 거기서 일했습니다."[27]

"나는 프랑스 코미디 영화 「황태자 전하Monsieur Prince」를 기억합니다. 영국에서 그것은 영웅 「휘플스Whiffles」라고 불렸죠. (…) 그리고 특히 「불관용Intolerance」과 「국가의 탄생The Birth of a Nation」을 기억합니다."[28]

그는 단지 흥미 때문에만 영화에 이끌린 것은 아니었다. 히치콕은 이미 영화 제작에 관련된 모든 것에 대해서 전문가적 관심을 가지고 있었다.

"나는 열일곱 살 때부터 영화잡지를 읽기 시작했습니다. 대중용 잡지가 아니라 전문 잡지만을 읽었죠."[29]

"레스터 스퀘어Leicester Square 바로 옆, 레스터 화랑 근처에 책방이 하

■ 프리드리히 빌헬름 무르나우의 영화 「최후의 인간」의 한 장면. 에밀 야닝스Emil Jannings가 주연을 맡았다.

나 있었는데 그곳의 위층에는 미국의 전문 영화잡지가 모두 진열되어 있었습니다. 「모션 픽처 데일리Motion Picture Daily」, 「모션 픽처 헤럴드Motion Picture Herald」, 영국 잡지인 「시네마토그래프 랜턴 위클리Cinematograph Lantern Weekly」, 그리고 「바이어스코프Bioscope」등이 있었습니다.[30]

그리고 이 시기에 그는 문학에도 상당히 열중했다. 그가 주로 읽었던 것은 영국 탐정소설이었지만, 그에게 가장 큰 감명을 준 것은 한 미국 작가의 책이었다.

"열일곱 살 때 나는 에드거 앨런 포Edgar Allan Poe의 작품을 발견했습니다. 우연히 나는 그의 전기를 읽게 되었죠. (…) 그 당시 일이 끝나고 집에 오면 나는 항상 즉시 방으로 들어가 그의 『괴기 단편집Tales of the Grotesque and Arabesque』을 집어 들고 읽었습니다. 지금도 그의 『모르그가의 살인The Murders in the Rue Morgue』을 다 읽었을 때 느꼈던 감정을 기억합니다. 그것은 공포였습니다. 그러나 이 공포는 내가 이후에 결코 잊을 수 없는 어떤 것을 발견하게 해주었습니다. (…) 내가 공포영화를 만들게 된 것은 그 당시 포에게 매료되었기 때문인지도 모릅니다. 나는 겸손하지 않게 보이고 싶지는 않지만 그럼에도 이것만은 말하고 싶습니다. 즉 내가 영화에서 보여주고 싶었던 것은 에드거 앨런 포가 그의 책에서 보여주고 싶어 했던 것과 비교될 만하다는 사실입니다. 그는 완전히 말도 안 되는 줄거리를 황당한 논리로 전개시켜 독자들에게 전달했는데, 그럼에도 그것은 너무 무시무시해서 독자들은 그 다음날 실제로 그러한 상황에 부딪힐지도 모른다는 느낌을 받았습니다. 나 역시 이러한 원칙에서 한 번도 벗어난 적이 없습니다. (…) 초현실주의? 그것은 바로 로트레아몽Lautréamont이나 포의 작품에서 탄생했다고 할 수 있지 않습니까? 이 문학사조는 영화에 정말 커다란 영향을 주었습니다. 특히 1921년부터 1930년경에 이르기까지 부뉴엘Buñuel이 「황금시대L'Âge d'Or」와 「안달루시아의 개Un Chien Andalou」에서 초현실주의를 보여주었지요. 또 르네 클레르René Clair의 「간주곡Entr'acte」이나 장 엡스탱Jean Epstein의 「어셔가의 몰락The Fall of the House of Usher」, 또는 장 콕토Jean Cocteau의 「시인의 피Le Sang d'un poète」 역시 그 영향

■ 에드거 앨런 포

을 받은 것이고요. 내가 만든 영화들의 꿈이나 환상을 담은 장면에
서 나타나듯이 이 모든 것이 나에게 영향을 주었습니다."[31]

그의 독서 경험이나 음산한 것에 대한 관심은 그가 남긴 몇 안
되는 글 중에서 나타난다. 1919년 6월 헨리 전신회사 사보에 단편
소설 「가스Gas」가 '히치Hitch'라는 이름으로 실렸다.

"그녀는 파리의 이 지역에는 한 번도 와본 적이 없었다. 그녀는 뒤뱅Duvain의
소설에서 이곳에 대해서 읽었거나, 그랑기뇰(Grand Guignol: 19세기 말 프랑스

파리에서 유행한 연극으로 살인이나 폭행 등 잔혹한 내용을 다루었다 - 옮긴이)에서 봤을 뿐이었다. 몽마르트였던가? 밤의 어두움 속에 위험이 도사리고 있고 무고한 영혼들이 뜻하지 않게 죽어가는 곳, 지하세계가 만끽하는 그 공포의 공간?

높은 벽의 그림자를 밟으며 그녀는 조심스럽게 앞으로 나아갔다. 그리고 숨겨진 위험이 자기를 뒤따르고 있지나 않을까 싶어 조심스럽게 사방을 둘러보았다. 갑자기 그녀는 그 길이 어디로 난 것인지도 생각해보지 않은 채 한 골목 안으로 뛰어 들어갔다. 칠흑 같은 어둠 속을 더듬으며, 뇌리에서는 온통 추적자를 따돌려야 한다는 생각에 쫓기며 … 무조건 멀리, 멀리 … 아! 언제 끝나려나? … 문으로부터 새어 나오는 불빛이 앞을 조금 볼 수 있게 해주었다. 안으로 들어가자, 안으로! 어디로든 가자! 그녀는 생각했다.

문은 계단 끝으로 이어졌다. 그녀가 주저하듯 내려가기 시작하자, 낡은 계단은 삐걱댔다. 갑자기 그녀는 술주정뱅이의 웃음소리를 들었다. 소름이 오싹 끼쳤다. 그래 …, 아니야, 그것만은 안 돼! 다른 것 모두 다 되어도 그것만은! 그녀는 계단의 끝에 도착했다. 인간의 오물 냄새로 구역질 나는 하숙집 안을 들여다보았다. 현기증 나는 향연에 심취해 있는 남자와 여자 …. 그들은 두려움에 떨고 있는 그녀의 모습을 쳐다보았다. 술 취한 이들이 소란을 피우는 가운데 대여섯 명이나 되는 남자들이 그녀를 붙잡으려고 덤벼들었다. 그녀는 두려움과 공포에 소리를 질렀다 …. 차라리 아까 따라오던 사람의 손에 잡힐 것을 …. 그녀는 선술집 여기저기를 난폭하게 밀려다니며 잠시 이런 생각을 했다. 불한당들은 그녀의 운명을 결정짓기 위해서 한시도 낭비하지 않았다. 그들은 자신들의 노획물을 나누어 가질 것이다 …. 그녀는 ….

■ 루이스 부뉴엘

왜 하필! 이곳은 몽마르트의 한복판이 아니었던가? 그녀는 꽁꽁 묶여서 어두운 통로를 지나 밑으로 끌려갔다. 그러고는 계단을 오르자 강가였다. 쥐들도 재미를 봐야지 하고 그들은 말했다. 그러고는 ⋯ 그러고는 그들은 꽁꽁 묶인 그녀의 몸을 이리저리 흔들더니 풍덩, 어둡고 사납게 휘몰아치는 강물 속으로 던졌다. 그녀는 깊이, 깊이, 깊이 가라앉았다. 단지 목을 졸라오는 느낌만이 있을 뿐이었다. 그것은 죽음이었다 ⋯. 그러고는 ⋯.

'다 됐습니다. 아가씨.' 치과 의사가 말했다. '반 크라운 내십시오.'"[32]

1919년은 히치콕의 생애에 결정적인 전환점이 되었다. 할리우드의 영화사 페이머스 플레이어스 래스키[Famous Players-Lasky](후에 파라마운트 영화사가 되었다)가 런던 북쪽의 산업지대인 이즐링턴Islington에 스튜디오를 열 계획이라는 사실을 그는 한 전문잡지를 통해 알게 되었다. 이 영화사는 첫 작품으로 마리 코렐리Marie Corelli의 『사탄의 슬픔The Sorrow of Satan』을 영화화하기로 되어 있었다. 히치콕은 이 소설을 구입해서 읽고 자막을 쓰고 삽화를 도안해 이즐링턴 스튜디오에 제출했다. 그런데 원래 계획되었던 프로젝트는 실행되지 않았고 그 대신에 다른 작품이 영화화되었다. 대신 히치콕은 페이머스 플레이어스 래스키로부터 자막을 제작해 달라는 의뢰를 몇 건 받았다. 그래서 그는 헨리 전신회사에서 일하면서 틈틈이 자막을 만들었다. 스튜디오는 그동안 몇몇 제작물로 성공을 거두었고 몇 달 뒤 히치콕에게 정식 직원으로 고용하고 싶다는 제안을 했다. 그리하여 그는 스무 살에 영화산업계로 뛰어들게 된다.

4. 영화계에서 배우던 시기

영국 영화의 역사가 히치콕의 나이보다 결코 더 길지는 않다고 말해도 큰 과장은 아닐 것이다. 왜냐하면 그가 태어난 해에 로버트 윌리엄 폴Robert William Paul이 런던 북쪽에 영국 최초의 극장을 열었기 때문이다. 하지만 프랑스, 이탈리아, 덴마크에서와는 달리 영국에서는 문화의 독립된 분야인 영화가 경제적으로 안정된 기반을 갖고 있지 못했다. 히치콕이 영화산업에서 성공하기 시작할 무렵 영국 영화 시장을 지배한 것은 대부분 미국 제작회사들이었다.

이즐링턴 스튜디오에서 히치콕이 할 일이란, 무성영화에 아주 많이 사용되는 자막을 제작하는 일뿐이었다. 그의 작업은 상당히 독특했고 많은 새로운 아이디어로 가득 차 있었다. 겉으로 보기에는 별로 눈에 띄지 않고 사람들과 접촉이 없는 이 젊은 일꾼이 상당히 많은 재능을 갖추고 있음이 곧 밝혀졌다.

일손이 부족한 시기라 그는 별로 힘들이지 않고 많은 실제적인

■ 그리피스의 「불관용」의 한 장면

제작 업무에 뛰어들 수 있었다. 구태여 전면에 나서서 구걸하지 않고서도 그는 세트를 위한 조언에서부터 소품 준비, 시나리오 집필에 참여하는 등 모든 일에 재능을 보여줄 수 있었다. 영화사에 새로이 발을 내딛은 풋내기로 누구의 명성에도 지장을 주시 않았고 또 그러고 싶어 하지도 않았지만 그는 시간이 흘러가면서 '만능 일꾼'으로서 점점 빼놓을 수 없는 존재가 되었다.

2년 동안 히치콕은 영화 제작에 관한 기술을 아주 밑바닥부터 눈으로 보고 실습하면서 배웠다. 이 기간에 풀^{Poole}가에 있는 스튜디오에서는 그리피스의 조감독이었던 도널드 크리스프^{Donald Crisp}와 존 S. 로버트슨^{John S. Robertson}, 그리고 폴 파웰^{Paul Powell}의 영화들이 제작되었다.

이즐링턴에서 제작된 것들은 모두가 하나같이 별 볼 일 없는 오락 영화들이었으나 이런 낮은 예술성도 무엇이든지 다 배우려는 열의로 가득 찬 히치콕에게는 전혀 불평거리가 되지 않았다. 당시 영화 제작의 방법을 터득하는 데는 영국의 다른 어떤 곳보다 이즐링턴에 있는 스튜디오들이 그에게 가장 적합했다. 왜냐하면 그는 미국 영화사에서 직접 일을 한 것이나 다름없었기 때문이다. 거기서 그는 미국의 배우와 감독, 기술자들을 만날 수 있었다.

"나는 미국식으로 교육받았죠……. 스튜디오의 모든 사람들이 다 미국인들이었어요. 스튜디오 문을 들어서는 순간부터 미국식 분위기가 꽉 사로잡았습니다."[33]

그렇다고 이는 그가 "모든 미국적인 것에 열광했다는 것"을 의미하지는 않는다. "영화에 관한 한, 그들이 사물에 접근하는 방식은 정말 전문가다웠다고 생각합니다. 그리고 다른 모든 나라들보다 훨씬 앞서갔다고 생각합니다."[34]

영화의 기술적인 면에서뿐만 아니라 미학적·예술적 형태에 있

▪ 그리피스 감독과 촬영 중인 모습

어서도 1920년대에 미국은 – 독일과 더불어 – 영화의 나라로서 주
도적 위치를 차지했다. 「국가의 탄생」과 「불관용」을 통해서 '영화 소
설'이라는 장르를 개척한 그리피스나 사회 풍자 방면의 찰리 채플
린, 살롱 코미디를 창조해낸 세실 블라운트 데 밀$^{Cecil\ Blount\ De\ Mille}$ 같은
감독들은 국제적으로 새로운 이정표를 세웠다. 미국에서 영화산업
은 상당히 많은 이윤을 남기는 사업 중 하나로 성장했고 이것은 다
시 유럽 시장, 특히 영국으로 확장되었다.

　이와 비교할 때 영국의 영화는 그늘 속에서 겨우 목숨을 유지했
다고 해야 할 것이다. 국산영화는 거의 제작되지 못하는 형편이어서
1920년대 초에 영국 스튜디오들이 1년간 제작한 영화는 겨우 20편
도 안 되었으며 그나마 예술적으로 형편없었고 관객도 별로 동원하

지 못한 것들이었다.

"1925년 이전의 영국 영화는 완전히 중류급들이었습니다. 순전히 지역적인 용도를 위해서 영화화된 것들이었죠."[35]

영국의 성공한 영화 감독이나 배우들은 대부분 보수도 비교할 수 없을 정도로 많고 일의 조건도 좋은 할리우드로 이주했다. 구조적으로 덜 발달한 영국의 영화산업은 제1차 세계대전이 끝나기 훨씬 이전부터 외국의 압력에, 특히 미국 회사에 허리를 굽혀야만 했다. 영국의 영화관에서는 대부분 외국 제작물들이 상영되었다. 1915년까지 영국에서 상영된 영화의 98퍼센트가 미국으로부터 수입된 것들이었다.[36] 로버트 윌리엄 폴, 세실 헤프워스Cecil Hepworth, 제임스 윌리엄슨James Williamson, 조지 앨버트 스미스George Albert Smith 등과 같은 영국 영화의 선구자들은 대부분 재정적으로 파산했고 제작에서 손을 뗐다.

더군다나 영국 영화의 개척자들은 기술 면에서 뛰어났지만 예술적인 구성에 있어서는 미국이나 프랑스 감독들에게 한참 뒤떨어졌다. 또 영화를 독립된 하나의 예술형태로 정착시키거나 한 나라의 문화적 특성을 전달하는 매체로 부각시키는 데에도 실패했다. "이탈리아와 프랑스에서는 영화가 박물관의 동생뻘로 인정되고, 미국에서는 하나의 예술로 자리 잡았던 시기에 영국에서는 영화가 가난한 친척, 그것도 조금도 인정받지 못하는 그런 친척 중의 하나였다"[37]라고 영국의 영화 역사가 레이철 로우^{Rachael Low}는 1920년대 중반의 영국 영화의 지위를 평가했다.

"영국에 비해 미국이 사진술, 다시 말해 영상 구성 면에서 훨씬 앞서 있다는 사실을 잘 알고 있었던"[38] 히치콕에게 미국 회사와 같이 활동한다는 것과 조지 피츠모리스^{George Fitzmaurice} 같은 젊은 감독을 알게 된 것은 대단히 가슴 뿌듯한 일이었다. 1922년에 피츠모리스는 이즐링턴에서 두 편의 영화를 만들고 있었는데, 사람들 사이에서 완벽주의자로 통했다. 그는 제작과정에서 일어나는 모든 세밀한 부분까지 통제했다. 그는 또한 영화를 회화나 조각과 유사한 예술적 표현 형태로 이해하고 있었다. 영화 제작과정을 철저히 통제하고, 콘셉트에 충실한 그의 영화 제작방식은 히치콕의 스타일에 커다란 영향을 미친 것으로 보인다. 모든 우연적 요소와 감독의 생각에 맞지 않는 모든 것들은 배제한다는 원칙을 히치콕은 그로부터 이어받았다.

계획 없이 무엇을 할 것인가 막연하게 찾아다니기만 하던 시기는 이제 지났고 히치콕은 자신의 직업을 발견했다. 페이머스 플레이어스 래스키에 고용된 이후 그는 자신의 모든 삶을 직접적이든 간접적이든 오직 영화와 관련된 일에만 집중시켰고 다른 관심사는 거의 뒷전으로 미루었다. 스튜디오에서 고된 시간을 보낸 후에도 그는 자주 영화관에 갔으며 미국이나 독일에서 만들어진 새로운 작품들에 주목했다.

■ 1919년에 발표한 무성영화 「변호를 위한 증인」The Witness for the Defence」을 촬영 중인 감독 조지 피츠모리스(오른쪽)

당시 그는 더 자주 연극을 보러 갔는데 예를 들어 존 골즈워디John Galsworthy의 「스킨 게임The Skin Game」, 조지프 콘래드Joseph Conrad의 「비밀첩보원The Secret Agent」 등 런던의 상연 프로그램에 들어 있는 중요한 작품들은 하나도 빠짐없이 보았다고 한다.[39] 물론 이 두 작품이 불과 몇 년 뒤에 그가 감독할 영화의 시나리오로 사용되리라는 사실을 그는 당시에는 아직 몰랐다. 또 미래에 자신의 배우로 활동하게 될 아이버 노벨로Ivor Novello로부터 레오 캐럴Leo G. Carroll, 털룰러 뱅크헤드Tallulah Bankhead에 이르는 연기자들도 그가 보러 다닌 수많은 연극들에서 처음 접하게 된다.

이즐링턴의 담당자들에게도 히치콕의 열성과 다방면에 걸친 재능은 이미 알려져 있었다. 항상 원했지만 적극적으로 구하러 나서지는 않았던 기회가 드디어 왔다. 1922년 초, 배우이자 작가인 시모어 힉스Seymour Hicks는 「항상 부인에게 말하세요Always Tell Your Wife」라는 영화에 참여 중이었는데 그 영화의 감독을 맡고 있던 휴 크로이즈Hugh Croise와 곧 사이가 틀어지고 말았다.

> "하루는 그가 감독과 싸우고는 나에게 이렇게 이야기했습니다. '당신하고 나하고 둘이서 영화를 완성해보면 어떨까요?' 그래서 나는 그를 돕게 되었고 우리는 함께 영화 제작을 끝냈죠."[40]

공동 감독으로 데뷔한 지 얼마 되지 않아 히치콕은 두 번째로 그의 능력을 증명해보일 기회를 얻었다. 당시 아직 제목이 확정되지 않았던 영화는 한때 「13번Number Thirteen」이라고 불렸다가 후에 「피바디 부인Mrs. Peabody」으로 바뀌었다. (이 영화는 미완성으로 끝나고 촬영된 필름도 유실되어 제목 "Number Thirteen"이 무엇을 의미하는지 확실치 않다. 히치콕이 이 영화를 언급할 때는 "피바디 부인" 대신에 항상 "Number Thirteen"이라고 했는데, 이는 그가 영화계에 뛰어들어 제작에 직, 간접적으로 관여한 13번째 영화라는 해석이 유력하다 – 옮긴이)의 감독으로 제작자는 히치콕을 임명한 것이다. 이 작품의 시나리오는 채플린을 위해 일했던 어니터 로스Anita Ross가 썼다. 제작자는 이 영화로 재정난을 타개하고 싶어 했다. 하지만 결국 스튜디오가 처한 경제적 난관이 이 계획을 실패로 몰아넣고 말았다. 금전 부족으로 시나리오 쓰는 일이 중단되었고 영화는 끝을 보지 못했다.

히치콕의 운은 제대로 시작해보지도 못한 채 다한 듯 보였다. 미국 회사인 페이머스 플레이어스 래스키는 파산했다. 그동안 이곳에서 만들어진 11편의 영화들은 상업적 측면에서 볼 때 대부분 실패였고 혹평을 받았다. 제작사는 영국에서 이런 불행한 상황에 부딪히자 다시 할리우드로 돌아갔고, 이즐링턴에 있는 스튜디오들은 그 후 독립 제작자들에게 임대되었다.

마이클 밸컨Michael Balcon, 빅터 사빌Victor Saville, 존 프리드먼John Freedman 등이 이런 독립 제작자들에 속했는데 이들은 소자본으로 공동회사를 설립했다. 후에 영국 영화산업에서 매우 중요한 인물이 된 밸컨은 이즐링턴 스튜디오에서의 첫 작품을 위해 즉시 히치콕을 조감독으로 임명했다. 「여자 대 여자Woman to Woman」라는 영화에서 히치콕은 시나리오를 썼을 뿐만 아니라 세트도 맡았다. 이 작품은 큰 성공을 거두었다.

밸컨-사빌-프리드먼 그룹은 이어서 몇몇 영화를 제작했고 히치콕은 여러 모로 이에 관여했다. 이 그룹이 경영난에 처하자 1924년 밸컨은 게인스버러 픽처스Gainsborough Pictures라는 이름의 회사를 설립했고 이즐링턴에 있는 파라마운트Paramount사의 스튜디오를 샀다.

1923~25년 사이에 만들어진 영화 「하얀 그림자The White Shadow」, 「프루드의 몰락The Prude's Fall」, 그리고 「열정적 모험The Passionate Adventure」 등에서 히치콕은 미술감독, 편집, 조감독 및 시나리오 작가로 활동했다. 프랑스, 이탈리아, 스위스 등지에서 「프루드의 몰락」의 적합한

촬영 장소를 물색하는 데 있어서도 히치콕은 아이디어가 풍부한 사람임을 다시 한 번 입증했다. 밸컨이 인정한 대로 히치콕은 정말 재능이 있고 그만큼 자신만만했다.

■ 마이클 밸컨

페이머스 플레이어스 래스키가 히치콕에게 미국 영화의 기술과 미적 감각을 실제로 경험하게 해주었다면, 밸컨은 그에게 독일 영화에로의 문을 열어준 셈이었다. 에리히 포머Erich Pommer와 합작으로 1942년 바벨스베르크Babelsberg에 있는 UFA 스튜디오에서 「불량배 The Blackguard」를 제작하기로 이야기되자, 밸컨은 그의 조수인 히치콕을 베를린으로 보냈다. UFA 스튜디오는 당시 유럽에서 가장 크고 현대적인 스튜디오였다. 예술적으로도 바이마르 공화국의 영화들(특히 표현주의와 낭만주의의 영향을 받은 영화들)은 당시 세계적으로 타의 추종을 불허했다. 강한 표현력을 지닌 시각적 형식, 세트와 조명, 그리고 조화로운 카메라 조종 등으로 UFA 스튜디오는 강렬한 영상을 만들었다. 영화를 하나의 예술작품으로 이해하려는 의식은 다른 어떤 영화사에서보다도 바벨스베르크의 스튜디오에서 가장 강했다.

독일에 머물렀던 경험은 히치콕의 미학적 측면의 발달에 지대한 영향을 미쳤다. 왜냐하면 여기서 그는 영화 매체에 고유한 시각적·

기술적 수단을 어떻게 일관성 있게 창조적으로 적용할 수 있는지를 보았기 때문이다.

"에른스트 루비치Ernst Lubitsch는 폴라 네그리Pola Negri와 함께 영화를 만들고 있었습니다. 프리츠 랑Fritz Lang은 「메트로폴리스Metropolis」를 촬영하고 있었고, F. W. 무르나우가 그의 유명한 작품들을 만들고 있었죠. 내가 일했던 그 스튜디오는 어마어마하게 큰 곳이었는데 내 생각에 아마도 지금의 유니버설 스튜디오보다 더 컸던 것 같습니다. 한 쪽 공지에다 기차역 하나를 설치했을 정도였습니다. 「지크프리트Siegfried」를 촬영하기 위해서는 니벨룽 노래에 나오는 숲을 본떠 만들었습니다……. 독일은 당시 완벽한 혼란으로 치닫고 있었는데 유일하게 영화만은 번창했습니다. 독일 사람들은 영상으로 영화를 이끌어 가는 것에 많은 가치를 부여했습니다. 그들은 될 수 있는 대로 자막을 적게 넣었죠. 「최후의 인간Der letzte Mann」은 거의 완벽한 영화라고 생각됩니다. 이 영화에서는 모든 내용이 거의 자막 없이 진행되었습니다. 처음부터 끝까지 영상과 그림에만 의지한 셈이죠. 그리고 그것은 당시에 나의 작업에 정말 많은 영향을 미쳤습니다."[41]

베를린을 방문하고 난 이후 히치콕은 움직이는 그림의 예술성에만 의존하여 강한 표현력을 추구하는 '순수 영화'에 전념했다. 그 밖에도 독일인들이 남긴 여러 흔적들이 히치콕의 작품에서 발견된다. 예를 들면 1930년 제작된 「살인Murder!」(원제는 「존 경이 관여하다Sir

John greift ein!」였다가 이 제목으로 바뀌었다)은 장면의 편집, 조명, 그리고 장식을 몇 개의 강조된 선線으로 국한시킨 점에서 클로드 샤브롤Claude Chabrol과 에리크 로메르Eric Rohmer가 강조한 대로 두말할 것도 없이 무르나우를 연상케 한다.[42]

단순히 예술적인 측면에서뿐만 아니라 히치콕의 사생활에 있어서도 이 외국 여행은 결정적인 역할을 했다. 예전에 「여자 대 여자」를 촬영할 때 히치콕은 자신과 동갑인 영화 편집자 알마 레빌Alma Reville을 알게 되었다. 그녀는 노팅엄Nottingham 출신으로 히치콕보다 하루 뒤인 1899년 8월 14일에 태어났다. 1924년 7월 바벨스베르크에서 「불량배」를 촬영하면서 그들은 다시 만났고 런던으로 돌아가는 배 – 그들은 킬Kiel에서 런던으로 가는 야간 여객선을 타고 있었다 – 에서 히치콕은, 결혼은 안중에도 없었던 알마에게 구혼했다. 바다가 너무 거칠어 알마의 저항력이 완전히 약화되었고 그녀는 구혼을 받아들일 수밖에 없었다고 히치콕은 훗날 이야기했다.[43]

히치콕이 혼자서 감독한 처음 두 편의 영화도 외국에서 만들어졌다. 독립적인 감독으로서의 그의 데뷔는 별로 좋지 않은 상황에서 진행되었다. 밸컨의 전속 감독이자 히치콕의 상관인 그래엄 커츠Graham Cutts는 당시 영국 감독들 중에서 지도적인 인물 중 한 명이었는데 그는 자기 밑에서 능력 있는 새로운 인물이 성장하고 있다는 사실, 그리고 후에 그가 자기의 위험한 경쟁자가 될 수 있다는 사실을 탐탁지 않게 생각하고 있었다. 그래서 그는 오래 생각하지 않고 이

미래의 경쟁자를 해고했다. 그러나 밸컨은 게인스버러 픽처스가 재정상의 이유로 뮌헨에 있는 영화사 에멜카Emelka와 합작해서 만들 다음 영화들의 감독으로 히치콕을 임명했다.

「기쁨의 정원The Pleasure Garden」(올리버 샌디스Oliver Sandys의 동명 소설을 영화화한 작품)으로 밸컨과 에멜카는 국제시장, 특히 미국 시장을 겨냥했다. 그래서 여자 주연으로 두 명의 미국 여배우를 기용했다. 촬영은 남유럽과 뮌헨 근처의 가이젤가슈타이크Geiselgasteig에 있는 스튜디오에서 번갈아가며 진행되었다.

외국에서 두 번의 제작을 통해 배운 경험에도 불구하고 히치콕은 프로젝트를 거의 실패로 만들 뻔한 무수한 사건들과 어려운 일들에 부딪혀야만 했다. 그는 「기쁨의 정원」을 촬영하면서 겪어야 했던 기가 막힌 경험들을 프랑수아 트뤼포François Truffaut와의 인터뷰에서 상세히 설명했다.[44] 영화 제작에 필요한 도구들을 몰래 가지고 오다가 세관에 걸린 일, 촬영 장소 중 하나인 제노바의 호텔 방에서 현금을 몽땅 도난당한 일 등은 오히려 그의 행정적 능력으로 재빨리 처리할 수 있었고 지나치게 나빠지는 않았던 불행에 속한다. 직업과 관련된 일에 관한 한 스물여섯 살 난 히치콕은 자신이 영리하고 능력 있는 사람임을 입증했다.

이에 비추어 볼 때 이 유능한 젊은 청년이 인체에 관해서는 기초지식조차도 가지고 있지 않았다는 것은 참으로 놀랄 만한 일이다. 한번은 어느 여자 배우가 생리를 시작해 시나리오에 씌어진 대로 바다에 들어가는 장면을 찍기를 거부했는데, 이때 히치콕은 처음으

▪ 앨프레드 히치콕. 1924년

로 여자의 생리 주기가 도대체 무엇인지 카메라맨으로부터 설명을 들었다. 그 당시 결혼을 코앞에 두고 있다는 사실을 사람들에게 감춘 채 히치콕은 "나는 생리가 무엇인지 들어본 적이 없었습니다"라고 나중에 고백했다.

"나는 예수회 교도들에게 교육받았는데 그런 종류의 테마들은 강좌에 들어 있지 않더군요."[45]

"멜로드라마 같지만 그래도 몇몇 재미있는 장면들이 들어 있는"[46] 이 영화는 '기쁨의 정원'이라는 제목의 바리에테Varieté(곡예, 무용, 음악 등의 분야가 함께 어우러져 진행되는 연극 형태 - 옮긴이)에 출연하는 두 명의 무용가의 이야기를 다루고 있다. 시대 분위기에 걸맞게 이것은 연극적인 제스처와 억지로 웃음을 자아내는 코미디가 섞인 영화였다.

뮌헨에서 제작되었기 때문에 너무 독일풍의 인상을 남길까 봐 걱정하던 밸컨의 우려는 쓸데없는 일로 드러났다. 전문지들은 너도나도 감탄을 표명했다. 예컨대 「바이어스코프」라는 잡지에는 다음과 같은 글이 실렸다. "굉장히 활력 있고 재미있는 내용이다. 깔끔한 화면 처리, 놀랄 만한 배우들의 연기력, 기술진의 뛰어난 촬영 능력, 이 모든 것들이 최고 수준의 영화를 만들어 냈다……. 앨프레드 히치콕의 이 첫 작품은 앞으로 감독으로서 그가 만들 여러 작품들에 큰 기대를 모으게 한다."[47] 그리고 시드릭 벨프레이지Cedric Belfrage는

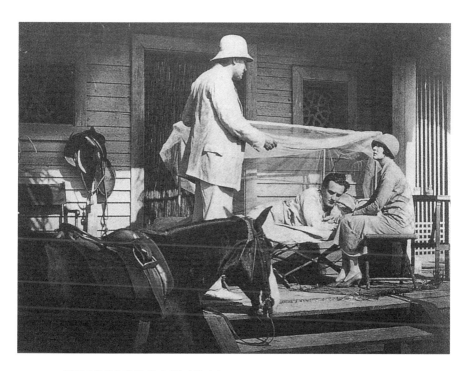

• 히치콕의 첫 번째 작품 「기쁨의 정원」의 한 장면

「픽처고어Picturegoer」라는 간행물에서 이 젊은 감독을 "젊은 영화감독들의 세계에…… 영화 기술의 다방면에 걸쳐 방대한 능력을 보여준 대大앨프레드"라고 명명했다.[48]

　제작자 밸컨이 말했듯이, 히치콕이 비평가들의 열광적인 찬사를 얻게 된 것은 무엇보다도 영화에 미국적 감각을 부여한 그의 탁월한 조명기술과 편집능력에 있다고 해야 할 것이다.

"마이클 밸컨은 영화를 본 뒤 나에게 이렇게 말했습니다. '이 영화의 특색은 기술적인 측면에서 볼 때 전혀 유럽 영화 같지 않고 미국 영화 같은 인상을 준다'."[49]

유능한 인재가 부족했던 영국 영화계는 커츠와 히치콕 같은 감독들을 통해서 다시 국제적인 수준에 도달하기를 기대했다. 히치콕은 그의 첫 작품으로 자신이 페이머스 플레이어스 래스키에서 배운 것이 무엇인지, 미국인들이 영화를 어떻게 이해하고 있으며 그것을 어떻게 만드는지를 보여주었다. 그는 또한 의도적으로, 그리고 세련된 방식으로 관객들의 기대를 충족시켜줄 수 있다는 것을 보여주었다.

예컨대 잠자리에 들 준비를 하는 두 여자를 묘사하는 장면이 있다. 여기서 카메라는 말하자면 목격자인데, 남의 은밀한 순간을 보고 싶어 하는 인간의 에로틱한 속성을 교묘하게 충족시키는 역할을 한다고 할 수 있다. 두 여자는 옷을 완전히 벗기 바로 직전인 결정적인 순간에 화면의 오른쪽과 왼쪽에 한 번씩 등장한다. 그리고 다음 장면에는 잠옷으로 이미 갈아입은 여배우들이 보여진다.

히치콕의 두 번째 영화 「산 독수리」The Mountain Eagle (미국에서는 '신에 대한 경외'(Fear o'God)라는 제목으로 상영)도 에멜카 스튜디오와 합작으로 제작되었고 촬영 장소는 티롤Tirol이었다. 히치콕은 이렇게 회고했다.

"그것은 별 볼 일 없는 영화였습니다. 제작자들은 항상 미국 시장에

■ 「산 독수리」를 촬영하며 '액션'을 외치고 있는 히치콕, 1926년. 오른쪽 위 여성은 이후 그의 부인이 된 알마 레빌

발을 들여놓기를 바랐죠. 그래서 그들은 한 스타를 발굴해서 내게 보냈는데 시골 학교의 여선생 니타 넬디$^{Nita Naldi}$ 역에 긴 손톱의 여배 우라! 정말 웃기는 일이었습니다.〞[50]

잘못 선정된 여배우에다 전혀 말도 안 되는 촬영 장소(켄터키 산 악지대를 대신하는 장소로 오버구르글Obergurgl에 있는 외츠탈러 알프스Ötztaler Alpen 가 선정되었다)에서 찍은 이 영화는 창고로 보내졌고 첫 상영이 유보되 었으나 히치콕은 별로 슬퍼하지 않았다. 「산 독수리」는 제작이 끝난

지 1년 뒤에야 비로소 영화관에서 처음 상영되었다. 영화의 스토리가 조잡함에도 불구하고 - 행복하게 잘 산다는, 끝이 뻔하게 보이는 쓸데없는 삼각관계를 다루었다 - 비평가들은 "훌륭한 감독으로서의 작업"[51]을 다한 히치콕의 몫을 칭찬해주기를 주저하지 않았다.

그의 다음 영화는 그에게 친숙한 고향 땅인 이즐링턴의 스튜디오에서 제작되었다.

5. 유명해진 젊은 감독

히치콕은 밸컨으로 하여금 마리 벨록 로운즈^{Marie Belloc Lowndes}의 소설
『하숙인^{The Lodger}』에 눈을 돌리게 했다.

> "소설의 줄거리는 한 낯선 하숙집을 중심으로 펼쳐집니다. 하숙집
> 주인은 새로 들어온 셋방 사람이 바로 사람들이 찾던 살인자가 아닌
> 가 하는 의혹을 품기 시작합니다."[52]

'복수자'라고 불리는 그 살인범은 금발의 여자들만 노리는 것으
로 알려져 있었다. 빅토리아 시대풍의 괴기 소설 전통에 충실하게
씌어진 이 시나리오에 기초해서 "히치콕의 진정한 첫 번째 영화"[53]
가 탄생한 것이다. 「하숙인」에서 히치콕은 처음으로 자신의 독특한
스타일을 개발했다. 그는 완전히 화면에만 의지해서 자기의 의도를
전달하고자 시도했고, 이로써 독일에서 배운 것들을 처음으로 실행

에 옮기게 되었다.[54]

그러나 영상 언어만으로 표현하고자 노력했다는 사실이, 「하숙인」을 히치콕 영화의 원형으로 불리게 하고 동시에 이 작품을 중류의 영국 영화 수준에서 한 단계 뛰어넘게 했던 이유의 전부는 아니다. 이 외에도 이 영화에서는 히치콕이 전 작품을 통해 즐겨 다루었고 여러 가지 형태로 표현해보기를 원했던 주제와 모티프, 그의 독특한 연출 스타일이 담겨 있다는 점이 중요하다.

「하숙인」의 기본 상황 설정 자체가 이미 히치콕 영화의 전형을 보여준다. 급작스런 악의 출현이라든가, 평범한 시민의 잘 정돈된 삶을 뚫고 들어오는 폭력, 범죄 등이 그것이다. 범죄 내용의 전개 자체, 다시 말해 범인 추적, 체포 등등이 전체 배우들의 행위를 구성하지만 이것이 이야기의 핵심은 아니다. 연출상 가장 중요한 핵심은 이런 모든 위협적인 사건에 대처하는 소시민들의 세계를 관찰하는 것이다. 따라서 대부분의 경우 관객이 자신과 동일시할 수 있고 이렇다 하게 흠잡을 데 없는 보통 사람들의 관점이 카메라의 앵글을 결정짓는다.

"나는 그것을 아주 간단하게 표현했습니다. 다시 말해 유일하게 하숙집 주인 여자의 관점에서 모든 것을 바라보도록 했습니다."[55]

이것은 아주 간단하지만 매우 효과 있는 방법이다. 왜냐하면 그 여주인이 셋방 남자에 대해 품고 있는 의혹, 즉 그 낯선 사람이 수

배된 살인자라는 결론에 이르도록 고조되는 그녀의 의심이 관객들에게 옮겨지고 그것이 다시 관객들의 모든 지각과 감정적 반응들을 결정하기 때문이다.

바로 이렇게 영화의 암시효과가 발휘하는 미묘한 장난이 시작되는 것이다. 어떤 뚜렷한 근거 없이 감정적으로 계속 반복되는 느낌 속에서 관객들은 낯선 손님이 마치 정말로 뭔가 나쁜 일을 숨기고 있는 듯한 인상을 갖게 된다. 그는 처음 등장할 때부터 심상치 않은 징후들을 동반하고 있었다. 그는 목도리로 얼굴 전체를 감싼 채 홀연히 안개 속을 뚫고 출현한다. 그가 하숙집 현관문을 두드리는 순간 집안의 전등이 꺼질 듯 말 듯 깜빡이기 시작한다. 그는 자기 방문을 닫자마자 그곳에 걸려 있는 금발 여인의 그림을 벽면을 향하도록 뒤집는다. 마치 살해당한 희생자의 모습을 언뜻 연상시키는 그림 속의 여자의 시선을 참을 수 없다는 듯이 말이다. 관객들은 비밀로 가득 찬 이 낯선 이방인이 스스로를 '복수자'라고 부르는 살해범에 관해 모든 것을 잘 알고 있을 뿐만 아니라 총도 가지고 있고, 또 지금까지 살인사건이 발생했던 현장의 지명이 뚜렷이 찍힌 기차표를 갖고 있다는 사실을 본다. 불안하게 왔다 갔다 하며 밤에 몰래 집 밖으로 나가는 등 안정되지 못한 그의 행위는 의혹을 더욱 짙게 한다. 그가 사람들이 찾는 살인자라는 생각을 하는 데 무슨 증거가 더 필요하겠는가?

겨우 영화가 끝나갈 무렵에야 이 셋방 사람의 정체가 밝혀진다. 그는 살인자에게 첫 번째로 희생된 여자의 오빠로서 여동생을 죽인

원수를 찾기 위해 직접 나선 것이다. 그를 범인으로 오해하게 했던, 그래서 하마터면 그를 처벌하도록 이끌어 갔을지도 모를 여러 정황 증거들이 우리의 눈을 멀게 했고 현실을 곡해하게 했던 것이다. 달리 말하면 영화의 화면이 우리에게 보여주는 가시적인 정황 증거들이 우리로 하여금 완전히 잘못된 결론에 도달하게 했다는 것이다. 사람들이 자신의 이해관계 때문에 눈이 멀지 않았다면 아마도 이런 잘못된 판단은 피할 수 있었을 것이다. 예를 들면 하숙집 딸과 눈이 맞았던 한 경찰관은 이 신비에 가득 찬 이방인을 살인자라고 믿고 싶었다. 왜냐하면 이 이방인이 하숙집 딸의 사랑을 받기 시작함으로써 그녀를 독차지하는 데 방해가 되었기 때문이다.

제작자는 전형적인 해피 엔딩을 고집했다. 그래서 결국 「하숙인」은 도망 다니던 범죄자가 체포되고 두 연인이 행복하게 결합하는 것으로 끝난다. 잠시 고요함에서 벗어났던 세계는 질서를 되찾는다. 하지만 표면적으로는 매끄럽게 마무리되었어도 히치콕은 불길한 징후들을 남겨둔다. 비록 하숙자는 살인자가 아님이 증명되었고 사람들이 찾던 복수자가 아님이 드러났지만, 그의 원래 목적은 누이의 죽음을 앙갚음하려는 것, 즉 실제로 살인을 저지르는 것이었다. 그와 살인자 사이에는 도덕적 차원에서가 아니라 단지 법적인 관점에서만 구별될 수 있는, 아주 우연적인 작은 차이가 있을 뿐이다.

영화가 끝날 무렵 되찾아지는 시민사회의 질서란 문제점 많은 전제들에 기초해 있을 뿐이며, 겉으로 드러나 보이는 것만큼 그렇게 안정적이지도 않다. 히치콕은 두 연인이 서로 안으며 키스하는 마지막 장면에서 그것을 명확히 보여준다. 이 두 사람 뒤에 멀리 한 간판이 비춰지는데, 그 위에는 금발의 여자들을 위협하는 죽음의 메시지(이 죽음의 메시지는 이미 영화의 첫 장면에서 암시되었다)가 다시 나타난다. 역설적이게도 살인자의 표어인, '오늘밤 금발의 곱슬머리들Tonight Golden Curls'이 그것이다. 예전이나 지금이나 위협은 여전히 배후에 도사리고 있다. 왜냐하면 막 약혼한 여주인공은 금발의 곱슬머리이기 때문이다.

히치콕은 셋방 사는 사람이 수배된 살인자인지 아닌지 관객에 알리지 않은 채 영화를 끝냄으로써 결말을 열어놓고 싶어 했다. 그러나 제작자는 주연 배우인 아이버 노벨로의 이미지를 해칠지도 모른다는 이유로 히치콕의 생각에 반대했다. 노벨로는 연극배우이자 영화배우 그리고 작가이자 작곡가였는데, 당시 영국 무성영화 시대의 대스타 중 하나로 이름을 날리고 있었다. 제작자는 명확하게 선한 인물로 규정되지 않는 역할은 노벨로의 명성을 해칠 수 있다고 생각했던 것이다. 영화판에 뛰어든 지 오래 되지 않았던 풋내기 히치콕은 제작자의 기회주의적인 의견을 따라야만 했다.

노벨로와 여배우 준 트립June Tripp의 인기가 많은 관객을 끌어들이는 데 결정적으로 기여했다는 것에는 의심의 여지가 없다. 그러나 히치콕이 이야기를 전개해 나가면서 보여주었던 세련된 영화미, 탁월한 기술, 시각적 예술성이 「하숙인」의 질을 결정하는 데 무엇보다도 중요한 역할을 했다.

대단히 많은 장면을 확대 촬영함으로써 히치콕은 관객들로 하여

■ 「하숙인」에서 아이버 노벨로
와 준 트립, 1927년

금 물리적이고 정서적인 거리감을 뛰어넘어 사건의 현장으로 바로
다가가게 한다. 보통의 경우 독일의 표현주의적 영화들에서 많이 볼
수 있는 조명 방식, 즉 밝고 어두운 그림자의 음영을 뚜렷이 부각시
키는 조명 효과가 우리로 하여금 정체 모를 위협과 예감을 느끼게
한다. 히치콕은 또한 르네 클레르의 스타일과 비슷하게 초현실주의
적인 방식으로 장면을 처리하는 데 성공했다. 우리는 집주인의 머리
위에서 방을 계속 왔다 갔다 하는 셋방 사람의 다리를 볼 수 있다.
히치콕은 음향으로 처리해야 할 발자국 소리를 장면으로 대치했다.

"당시 우리는 음향효과라는 것을 몰랐기 때문에 나는 방바닥을 굉장
히 두꺼운 유리로 만들게 했습니다. 그것을 통해서 사람들이 그 셋
방 사람을 볼 수 있게 말이죠."[56]

자막을 엄청나게 적게 사용한 것도 제작자와 비평가들을 놀라게 한 것 중의 하나였다. 약 80개 정도의 자막이 사용되었는데, 그때만 해도 이 영화와 비슷한 길이의 다른 영화에서는 약 200개 정도가 나오는 것이 보통이었다. 관객들의 이해를 돕는 데 필요하지만 상대적으로 볼품없고, 쓸데없이 노력이 많이 드는 설명 또는 대화 내용을 자막에 담는 대신에 히치콕은 가능한 한 배우의 연기에 유기적으로 연결될 수 있는 영화적 요소들을 사용하고자 애썼다. 예컨대 관객들은 신문사 편집실의 전신기에 씌어 있는 내용을 통해 살인사건이 일어났음을 알게 된다. 혹은 "방 세놓음"이라는 간판이 나오는 장면을 영화 속에 집어넣음으로써 다음에 전개될 사건들이 셋방에서 발생한다는 사실을 암시한다.

자막을 최소한으로 줄일 수 있었던 것은 당연히 히치콕 혼자만의 공헌은 아니다. 편집과 재촬영, 자막의 그래픽 디자인 등 필요한 여러 사후 보완 작업을 맡기기 위해 영화 촬영이 완전히 끝난 뒤에 고용된 아이버 몬터규Ivor Montagu의 공헌이 중요한 부분을 차지했다. 여러 가지 사후 보완 작업은 반드시 필요했다. 왜냐하면 영화 보급회사가 처음 촬영된 형태 그대로 영화관에 내놓기를 거부했기 때문이다. 영화를 예술의 한 형태로 이해하기를 고집하던 케임브리지대학 출신의 몬터규의 수정 제안들은 제작자와 영화 보급회사의 동의를 얻었고, 「하숙인」은 1927년 2월 14일 첫 상영을 시작했다.

제한된 수의 관객들을 위한 상영이 1926년 9월에 먼저 있었는데, 이것이 끝나자마자 관계언론들은 격찬을 아끼지 않았다. "이 영화는 지금까지 나온 영국 영화 중 최고봉"[57]이라고 극찬한 경우도 있었다. 비평가들의 이러한 찬사와 나중의 관객 동원이 말해주는 성공은 제작자 밸컨이 자기의 젊은 동료에게 걸었던 기대가 헛되지 않았음을 증명해주었다. 히치콕 자신도 자기의 능력이 입증된 것으로 여겼다.

히치콕이 자신의 결혼을 사람들에게 공식적으로 알린 것은 어느 정도 명성을 얻고 경제적으로도 안정되어 새로운 자신감을 얻었다는 명확한 표시였다. 미래의 부인이 될 알마는 몇 주 동안 교리문답 교육을 받은 뒤 로마 가톨릭교로 개종했고 바로 이어서 1926년 12월 2일, 그녀와 히치콕은 나이츠브리지Knigtsbridge에 있는 브롬프던 성당Brompton Oratory에서 결혼식을 올렸다. 뒤이어 새로 구운 빵처럼 신선한 이 부부는 크롬웰가Cromwell Road 153번지에 있는 새 집으로 이사했고 그 후 파리를 경유해서 생모리츠로 신혼여행을 떠났다.

1927년 1월 「기쁨의 정원」이 첫 상영을 한 이후 2월에는 「하숙인」이, 5월에는 「산 독수리」가 거듭 상영을 시작했다. 이 세 작품을 놓고 극찬을 아끼지 않는 비평가들 덕택에 히치콕은 하루아침에 이 분야에서 모두가 부러워하는 인물이 되었다. 경쟁 회사인 브리티시 인터내셔널 픽처스British International Pictures/BIP는 히치콕이 받고 있던 봉급의 세 배를 주고 그를 스카우트하겠다고 제안했다. 이제 히치콕은 1년에 1만 3천 파운드 이상의 보수를 받음으로써 당시 영국에서 감독으로는 최고의 월급을 받는 사람이 되었다.[58]

하지만 그는 이 새로운 직장으로 옮기기 전에 게인스버러 픽처

■ 신혼부부 앨프레드 히치콕과 알마 레빌, 1926년

스와의 예전 계약에 따라 두 편의 영화를 더 만들어야 했다. 이들 영
화에서도 역시 아이버 몬터규가 편집자로 일하기로 되어 있었다. 게
인스버러 사가 이제 유명하게 된 젊은 감독의 명성을 이용해 가능
한 한 많은 이익을 얻어내려 한 것은 당연한 일이었다.

　계약에 따라 만들어진 두 영화 중 처음 것은, 만능의 재능을 보
여주는 아이버 노벨로가 콘스턴스 콜리어Constance Collier와 함께 쓴 멜
로드라마 류의 희곡「몰락Downhill」을 토대로 한 것이었다. 이 영화는
도둑질했다고 오인을 받은 한 학생이 그 때문에 아버지로부터 버림
받는 내용을 담고 있다. 천성이 워낙 착하고 정직한 데다 가진 것도

없었기 때문에 그는 항상 당하고만 살아야 했다. 이렇게 그는 점점 더 '밑으로 떨어지게' 된다. 물론 이 영화는 주인공의 무죄가 입증되어, 버림받았던 아이들이 끝내는 가족의 품으로 돌아간다는 행복한 결말로 끝난다.

아이버 노벨로는 극중에서 학생으로 나오는 로디 베릭^{Rody Berwick} 역을 맡겠다고 스스로 결정했다. 하지만 실제 나이 서른다섯 살인 그는 사실 이 역을 하기에는 너무 늙은 배우였다. 그 때문에 이 영화는 약간 황당한 느낌을 준다. 이것만이 이 영화의 유일한 결점은 아니었다. "아주 별 볼 일 없는"[59] 이 작품은 그 외에도 무성영화의 핵심 요소라고 할 수 있는 대사 처리에 문제가 있었다.

히치콕은 지루하게 늘어지는 대사들을 영상효과로 매워보려고 노력했다. 예컨대 에스컬레이터가 꼭대기로부터 아래로 움직인다든지 주인공이 북쪽에서 남쪽으로 여행하는 장면, 즉 공간을 이용한 상징기법을 삽입함으로써 히치콕은 우리의 젊은 주인공이 고독과 멸시, 가난으로 몰락한다는 사실을 표현하고자 했다. 주인공 젊은이가 고열에 시달리며 헛소리를 하고 카메라가 주인공의 시선을 대신하는 장면에서 잘 볼 수 있듯이 이 영화는 감독에게 여러 가지 영화기법상의 기술들을 실험해볼 수 있는 좋은 기회를 제공했다.

히치콕은 이 영화에서 처음으로 꿈꾸는 장면을 새로운 방식으로 표현했다. 당시 다른 영화들에서 보통 표현되던 것과는 달리, 그는 여기서 오버랩 방법을 사용하지 않고 화면을 그냥 보통의 장면과 똑같이 뚜렷하게 처리했다. 그럼으로써 "꿈이 현실에 아주 생생

■ 히치콕은 이미 「하숙인」에서부터 카메오로 영화에 직접 출연했다. 여기서 카메라를 등지고 앉아 있는 사람이 히치콕이다.

하게"[60] 동화된 듯했다.

연출상 문제점이 많았음에도 불구하고 「몰락」은 상당한 수입을 가져다 주었다. 「몰락」 다음에 게인스버러 사를 위한 마지막 작품으로 노엘 카워드Noël Coward의 「경솔한 미덕Easy Virtue」이라는 사회극을 영화화하기로 되어 있었다. 주제 면에서 「몰락」과 비슷한 이 작품은 사회적으로 지위가 높은 여인이 자신의 비극적인 과거 때문에 사교계에서 쫓겨난다는 줄거리를 가지고 있다. 히치콕은 대단한 열정 없이 「경솔한 미덕」을 촬영했고, 이 영화는 재정적으로 완전히 실패하고 말았다.

1927년 히치콕이 후에 10편의 영화를 만들게 될 BIP 영화사로 옮겨 갈 무렵 세계 영화산업계는 유성영화의 도입과 더불어 새로운 시대의 문턱에 서 있었고, 영국 영화계는 경제적 파산의 위기에 놓여 있었다. 더 이상 국산영화는 생산되지 않았고, 영국의 제작사들이 파산선고를 하는 경우가 점점 더 늘어났다.

영국 정부는 국내 영화산업이 완전히 몰락하는 것을 방지하고자 이탈리아와 독일을 본떠 반드시 국산영화를 일정량 상영하도록 하는 법을 통과시켰다. 쿼터제와 다른 여러 가지 촉진정책을 통하여 다음 몇 년간 영국 영화산업계는 확실한 판매시장을 확보한 셈이었다. 하지만 이 정책은, 점점 더 많은 수의 미국 회사들이 법을 이용하여 그들의 지사를 영국에 설치하게 하는 부정적인 결과들도 낳았다. 영국에서 제작된 모든 영화들이 국내 제작물로 간주되었기 때문에 이것은 불법이 아니었다. 더욱 심각한 문제는 영화의 질적 수준이 점점 떨어졌다는 것이다. 왜냐하면 일정량의 국산영화를 상영해야 한다는 규정으로 인해 그 숫자를 채우기 위해 저질의 싸구려 영화, 즉 소위 '쿼터 퀵키Quota Quickie'가 수없이 많이 생겨났기 때문이다.[61] 이들이 영국 영화의 명성을 떨어뜨리는 데 영향을 미쳤다는 것은 말할 필요도 없다.

브리티시 인터내셔널 픽처스는 스코틀랜드 출신의 변호사이자 사업가인 존 맥스웰John Maxwell이, 말하자면 영국이 처한 영화산업 상의 위기에 대처하기 위해 설립한 회사이다. 맥스웰은 수준 있는 영화를 제작함으로써 대량 생산되는 저질의 국산영화들과 거리를 유지하고 동시에 이를 통하여 상업적으로 성공하고자 했다. 히치콕의 영화 세 편만 보고도 그가 거장임을 알아차린 맥스웰은 히치콕과 같은 유능한 젊은 감독이라면 자기의 높은 요구를 충족시켜주기에 충분하리라고 믿었다. 따라서 맥스웰은 우선 자기의 새로운 동료가 자유롭게 생각을 펼쳐 갈 수 있도록 장을 마련해주었다.

히치콕은 당연히 이 좋은 기회를 이용했다. 이렇게 해서 문학 작품에 기초하지 않고 순전히 영화만을 위한 그의 첫 번째 시나리오가 엘리엇 스태나드Eliot Stannard의 도움을 받아 집필되었다. 1927년 여름, 권투계를 둘러싸고 벌어지는 이야기를 그린 영화 「링The Ring」의 촬영이 시작되었다.

영화의 제목은 이중적인 의미를 담고 있다. 한편으로 '링'은 권투에서의 링을 의미하며, 다른 한편으로는 결혼반지를 의미한다. 막 결혼한 새신랑으로서 히치콕이 손수 쓴 시나리오가 하필이면 얄궂게도 결혼생활에서의 갈등과 바람피우는 것을 주 내용으로 삼고 있다는 점에서 '링'은 아주 역설적인 제목이었다.

영화 「링」은 「하숙인」과 히치콕이 후에 만든 몇몇 작품들 속에서 볼 수 있는 삼각관계, 달리 말하면 두 남자 사이에서 고민하는 한 여자를 묘사했다. 「하숙인」에서와는 달리 여기서 여주인공은 옛날 남자와 헤어지지 않은 상태에서 다른 남자와 결혼하는 등 도덕적 측면에서 문제가 많은 행위를 한다. 이 행위가 당시의 지배적인 도덕관념에 명백히 위배됨에도 불구하고 영화는 여주인공이 이 갈등으로 인해 완전히 파괴되는지 아닌지 분명하지 않게 끝난다.

■ 독일에서 「링」의 상영을 알리는 포스터, 1928년

이 영화가 가지고 있는 또 하나의 모티프는, 이미 어느 정도 「하숙인」에 묘사되었듯이 지금까지 주인공이 살아왔던 안정된 삶을 위협하면서 갑자기 등장하는 낯선 이방인이다. 인간 삶의 기본 상황에 속한다고 할 수 있는 이 모티프로 인하여 히치콕은 다음과 같이 말할 수 있었다.

"이 작품들이야말로 정말 재미있는 영화라고 생각합니다. 「하숙인」에 이어 「링」이 진정한 의미의 히치콕 영화로서는 두 번째라고 말하고 싶습니다."[62]

제작자가 허락해준 여러 자유로운 조건들 덕택으로 히치콕은 자신의 실험 욕구를 만족시킬 수 있었고, 영상으로만 이야기를 전개시킬 수 있는 여러 가능성들을 시험해볼 수 있었다.

"「링」은… 새로운 시도들로 꽉 차 있다고 할 수 있습니다. 영화를 처음 상영하던 날이 생각나는군요. 굉장히 편집하기 힘들었던 장면이 있었는데 바로 그 부분에서 관객들이 박수를 보내더군요. 나로서는 처음 맛본 경험이었습니다. 그 외에도 지금은 더 이상 그렇게 만들지 않을 여러 장면들이 있었죠. 예를 들어 권투 경기가 끝난 후 저녁에 열렸던 작은 파티 장면 같은 것이죠. 영화에서 샴페인을 터뜨리는 장면이 나오는데 우리는 관객들이 방안의 광경을 뚜렷이 볼 수 있도록 촬영을 했습니다. 여주인공을 위해 건배를 제창하는 순간,

파티장의 사람들은 그녀가 거기에 없다는 사실을 알아차리게 되죠. 그녀는 다른 남자와 함께 사라졌습니다. 그다음 장면에서는 샴페인 방울이 더 이상 튀지 않는 것을 관객들은 볼 수 있습니다."[63]

"너무 정교하게 처리되어서 사람들이 거의 알아차리지 못할 정도의"[64] 시각적 처리 외에도 히치콕은 그 후에 일반화된 여러 가지 다양한 기술을 「링」에 도입했다.

"예컨대 권투선수의 성공을 알리기 위해 우리는 그의 이름이 밑부분에 나와 있는 포스터가 길거리에 붙어 있는 장면을 보여주었습니다. 그리고 여름이 되자 관객들은 포스터의 밑부분에 있던 이름이 점점 더 커지고 화면이 포스터의 윗부분으로 미끄러져 이동하는 것을 볼 수 있습니다. 그리고 가을이 오고, 겨울이 오고……"[65]

관련 언론들은 이 작품의 우수성을 간파하고 찬사를 아끼지 않았다. "국내에서 촬영된 최우수 작품이다". "영국 영화계의 성공". "히치콕 한 인물이 여남은 명의 다른 사람들이 했던 것보다 훨씬 더 많이 영국 영화계에 공헌했다."[66] 하지만 「링」은 흥행에는 크게 성공하지 못했다.

다음의 두 영화, 즉 두 코미디물은 히치콕이 제작자에게 의무를 다하느라고 큰 열정 없이 단숨에 만든 영화였다. 두 코미디 중 첫 번째 것은 런더너 웨스트 엔드Londoner West End에서 1,400회나 공연을 거듭한 이든 필파츠Eden Phillpotts의 연극 「농부의 아내The Farmer's Wife」를 그대로 영화화한 것이었다. 영화로 만들어서 성공하기에 아주 적합한 작품이라고 BIP의 사장은 생각했던 것이다.

영화는 지루했다. 이야기의 구성이 너무 단순해서 조금만 진행되어도 관객들이 벌써 전체 줄거리를 파악할 수 있기 때문이었다. 한 홀아비 농부는 외로움에 지쳐서 신부감을 찾아 나섰으나 물망에 오른 여자들이 모두 마음에 들지 않았다. 한참 후에야 그는 총명하고 예쁜 자기 하녀가 벌써 오래전부터 그를 사랑하고 있었음을 알게 된다. 히치콕은 여기서도 대사 대신에 영상의 상징적 기법을 사용해 묘사하는 그의 능력을 증명해 보인다. 그 밖에도 주관적인 카메라 기법(카메라를 관객의 시각이 아니라 배우의 시각으로 놓고 촬영하는 것)을 실험해보기도 하고 배우들이 전면에 서서 관객들에게 직접 얘기하듯 연기하게도 했다.

축하 파티가 그로테스크한 혼란으로 빠져 들어가는 장면(마크스 형제Marx Brothers의 파괴 욕망과 모든 것을 엉망으로까지 몰고 가고 싶어 하는 충동을 연상시키는 장면)에서 잘 볼 수 있듯이, 히치콕은 영화 스타일에 있어서도 새로운 시도를 단행했다. 그러나 감독은 자기가 만든 영화에 대해 결코 만족할 수 없었다. 그는 특히 연극 대본은 영화의 독특한 언어로 표현되기에 적합하지 않다고 생각했다.

다음 작품인 「샴페인Champagne」은 더 형편없는 결과를 낳았다. 히치콕은 이 영화에 대해 "내 능력이 보여준 제일 밑바닥"[67]이라고 말했다. 한 샴페인 회사 사장은 망나니 같은 자기 딸의 성격을 고치고

▪ 어머니, 그리고 딸 패트리샤와 함께 있는 히치콕, 1928/29년 셍리그린

싫었다. 그래서 파산선고를 한 것처럼 꾸민다. 화려했던 모든 것들을 빼앗긴 채 그녀는 저임금의 노동으로 생계를 유지해야 했다. 물론 이 영화도 결국은 모든 사건들이 잘 처리되는 해피 엔딩으로 끝난다.

히치콕의 전기 작가 도널드 스포토Donald Spoto가 이 내용과 관련해쓴 일화가 있다. 히치콕은 이 시나리오가 너무 지루하다고 느꼈다. 그래서 밤에 시나리오를 연감年鑑의 페이지 사이에 끼워 넣고, 다음날 일어나서 혹시 재미있는 일을 연감에서 빨아들이지 않았을까 하고 꺼내 보곤 했다고 한다.[68]

히치콕은 그의 마지막 무성영화 「맨Man섬의 사나이The Manxman」에도 만족하지 않았다. 인간들이 자신의 융통성 없는 도덕관념 때문에 망한다는, 배반당한 사랑을 소재로 한 삼각관계가 영화의 줄거리인데 그것은 너무 졸렬하고 재치 없는 것으로 느껴졌다.[69] 이 「맨Man섬의 사나이」에서 기억할 수 있는 유일한 것은 "그것이 나의 마지막 무성영화"[70]였다는 사실뿐이라고 히치콕은 후에 얘기한다.

사생활에 있어서는 그동안 중요한 변화들이 나타났다. 1928년 1월에 히치콕은 가족이 곧 하나 늘어날 것에 대비해서, 솅리그린Shamley Green에 있는 서리Surrey 백작 소유의 집 '윈터스 그레이스Winter's Grace'를 사들였다. 그리고 7월 7일에 딸 패트리샤Patricia가 태어났다. 그녀는 알마와 앨프레드 히치콕 사이에 태어난 유일한 자식이었다.

6. 무성영화에서 유성영화로

1920년대 말경, 세계 영화계에 새로운 시대가 열렸다. 많은 돈을 들이지 않고도 움직이는 화면들에 소리를 인위적으로 재생하는 데 성공했던 것이다. 영화가 개발된 초기부터 실험적인 유성영화들은 상당히 많이 있었다. 이미 1889년 토머스 에디슨^{Thomas Edison}의 조수였던 윌리엄 딕슨^{William Dickson}은 '발성 활동 영사기'의 도움으로 '말하는 필름'을 만들었다.[71]

이미 20세기 초에 특히 프랑스, 독일, 미국의 영화계는 화면과 소리를 연결하려고 시도한 바 있는데, 오랫동안 이렇다 할 특별한 결과를 낳지 못했다. 특히 더빙 상의 어려움, 소리 크기가 작은 것, 음성 기계의 용량이 작은 것 등이 문제로 등장했다. 그럼에도 1911년 이후부터 파리의 영화관들에서는 간간이 유성영화가 상영되었다. 제1차 세계대전은 새로운 기술의 발전을 크게 둔화시켰고 1920년 초가 되어서야 대중 방송의 성장과 더불어 다시 유성영화에 대한 관심이 증가하기 시작했다.

상업적으로 성공을 거둔 것으로 1926년 미국 영화사 워너 브러더스Warner Brothers가 부분적으로 음성을 도입해서 만든 영화 「돈 후안Don Juan」이 있었다. 하지만 유성영화 탄생의 순간은 브로드웨이의 연극에 음악, 대사, 노래를 동시에 갖춰 영화화한 「재즈 싱어The Jazz Singer」로 보통 잡는다. 앨 졸슨Al Jolson이 주인공을 맡았고 1927년 10월 6일 뉴욕에서 첫 상영이 있었다.[72]

약 1년 반이 겨우 지났을 무렵인 1929년 3월 최초로 영국에서 제작된 유성영화가 상영되었다. 「새로운 핀의 단서The Clue of the New Pin」라는 이 영화는 '쿼터 퀵키' 중 하나로 볼 수 있는데, 사운드 트랙을 직접 영화에 삽입하지 않고 따로 음반으로 처리해 - 당시 이미 널리 통용되던 식으로 - 촬영 면에서나 음성을 연결시킨 기술 면에서 수준이 낮았다.

히치콕이 고용되어 있는 BIP사의 제작자 맥스웰은 이 새로운 발전에 참여하는 일을 놓치고 싶지 않았다. 그래서 그는 미국 회사인 RCA 사로부터 유성영화를 만드는 데 필요한 기술 장비들을 빌렸다. 그리고 히치콕의 다른 프로젝트인 「협박Blackmail」에 부분적으로나마 소리를 넣어보겠다고 계획했다. 감독은 이 결정이 내려지리라는 것을 오래전부터 예감하고 있었다.

"「협박」의 촬영 당시 가장 우스꽝스러웠던 점은 제작자들이 겨우 마지막 장면에 소리를 넣는 문제를 결정하는 데 그토록 오랜 시간이 걸렸다는 것입니다. 그러고서는 그런 정도의 영화를 '부분적으로 소리를 도입한 영화'라고 선전했죠. 나는 제작자들이 생각을 바꿀 것을 벌써 알고 있었습니다. 그들이 필요로 하는 것은 유성영화였습니다. 그래서 나는 모든 것을 그것에 맞춰서 준비를 해뒀죠. 말하자면 영화 촬영을 할 때 모든 유성영화 기술을 이미 사용했다는 것이죠. 물론 소리는 나오지 않게 했고요. 그래서 영화 제작이 끝난 뒤에 '부분적으로 소리를 도입했다'는 말에 나는 반대할 수 있었습니다. 그리고 그들은 몇 개의 장면을 다시 찍도록 허락했죠."[73]

프랑수아 트뤼포와의 인터뷰에서 히치콕은 무성영화 시대가 끝난 것을 안타깝게 생각한다고 말한 적이 있다. 왜냐하면 그는 이로써 "진정 순수한 영화로서의 형태"[74]가 사라진 것이라고 생각했기 때문이다.

"무성영화에서 부족한 것은 단지 화면에 등장하는 배우들의 목소리와 여러 음향들뿐입니다. 하지만 이런 부족이 소리 효과가 가져오는 모든 변화를 정당화시킨다고 생각하지는 않습니다. 다시 말해 내가 하고 싶은 얘기는 무성영화에서 빠지는 부분이란 단지 아주 작은 부분인 자연의 소리일 뿐이라는 것입니다."[75]

히치콕은 유성영화의 등장으로 영화 특유의 표현 수단이 질적으로 떨어질 수 있고 영화가 단순히 "말하는 사람들을 찍은 사진"[76] 정도로 격하될 수 있다고 생각했다.

　히치콕 혼자만 이런 부정적인 견해를 가진 것은 아니었다. 예를 들면 유명한 채플린도 1924년에 유성영화를 비판했는데, 그것이 "영화예술의 기본 토대"가 되는 팬터마임을 땅 속에 파묻어버린다는 이유에서였다.[77] 여러 해 동안이나 채플린은 음향을 도입하는 것에 강력히 반대하다가 1940년 「위대한 독재자The Great Dictator」에서 처음으로 화면에서 직접 얘기했다.

　하지만 채플린과는 달리 히치콕은 소리가 – 그것이 음성이든, 여러 가지 자연적 소리이든 간에 – 영화의 리얼리즘을 화면 위에[78] 완성시킬 수 있을 것이라는 견해를 가졌다. 『브리태니커 백과사전』에 실린 한 글에서 히치콕은 소리로 직접 전달되는 언어의 도입으로 인해 영화가 현실에 더 충실하게 되었다고 썼다.[79] 물론 히치콕도 언어가 가진 죄, 즉 시각적 구성 가능성을 사장시켜버리는 "죽어 마땅한 죄"에 대해서 경고했다.

　"대사란 여러 소리들 중의 하나로, 즉 사람의 입으로부터 나오는 소리들 중의 하나로 이해되어야 합니다. 궁극적으로 영화란 배우들의 행위와 시선에 의해 시각적 이야기를 엮어내는 것이라고 보아야 합니다."[80] "영화에서는 다른 모든 수단을 시도해도 잘 되지 않을 때에만 대사를 넣을 수 있는 겁니다. 나는 장면들의 연속적 전개를 통해 줄거리를 전달하는 순수한 영화적 전달 방식을 항상 추구했습니다. 유성영화의 시작과 더불어 영화가 연극적 형태로 고정되는 것을 나는 안타깝게 생각했습니다. 움직이는 카메라도 그 점에서는 어쩔 수가 없습니다. 카메라가 배우의 움직임을 잘 따라 찍는다 해도 결국 연극이라는 장르와 구별될 수 없습니다. 따라서 영화 고유의 스타일이 사라지고 그에 따른 상상력이 사장되는 결과를 낳게 되죠."[81]

위와 같은 견해를 통하여 히치콕은 연극과 영화를 뚜렷이 구별지었다. 마르셀 파뇰Marcel Pagnol이 그의 『파리의 영화론Cinématurgie de Paris』에서 내세운 견해, 즉 '소리 영화'는 하나의 독립된 예술이 되어야 하고 연극으로부터 완전히 해방되어야 한다는 견해를 따르는 것이 감독으로서의 히치콕이 할 수 있는 실천 방안이었다.

히치콕이 「협박」을 만들 당시, 영화 이론가 월터 피트킨Walter Pitkin과 윌리엄 모스턴William Morston이 말했듯이, (무성)영화를 하나의 예술형태로 잘 이해한 사람이라면, "소리가 무성영화에 단순히 첨가되는 것만은 아니라는 사실"을 또한 잘 이해할 수 있을 것이다. "소리는 움직이는 그림을 이용하는 완벽하게 새로운 하나의 예술적 기본 요소이다."[82]

「협박」의 시나리오는 1928년 성황리에 상연된 찰스 베넷Charles Bennett의 동명 연극 대본을 기초로 만들어졌다. 영화의 줄거리는 이렇다. 어느 형사와 연인 사이인 약간 바람기가 있는 한 여자가 있었는데 그녀는 이 남자로 만족하지 못하고 자기를 좋아하는 또 다른 남자인 어떤 화가와 동시에 연애를 한다. 어느 날 이 화가가 그녀를 강간하려고 하자 그녀는 그를 찔러 죽이고 만다. 그녀의 남자친구가

■ 자신의 첫번째 유성영화 「협박」을 촬영하고 있는 히치콕, 1929년. 주연 여배우 애니 온드라(Anny Ondra: 오른쪽)에게 그녀의 더빙 담당자인 영국 동료가 목소리를 빌려주어야 했다.

이 사건을 맡게 되고, 그는 누가 이 화가를 칼로 찔러 죽였는가를 곧 알아차리지만 그것을 비밀에 부친다. 하지만 이 사실을 알고 있는 협박자가 나타나 이를 빌미로 돈을 좀 벌어보려고 한다. 그러나 뜻밖에도 이 협박자가 결국 살인자로 몰리게 되고, 대영박물관에서 벌어지는 추격전에서 그는 추락사하고 만다. 경찰은 이로써 사건이 공식적으로 해결된 것으로 처리했다. 여자는 이 사건으로부터 아무런 불이익도 당하지 않은 채 일이 마무리 지어졌다.

그러나 이 여자가 해를 입지 않는 것이 반드시 해피 엔딩을 의미한다고는 할 수 없다. 정의가 실현되지 않았기 때문이다. 또 이로써 결국 그녀는 경찰관인 남자친구와 숙명적인 종속관계에 빠지게 된다. 그들은 이제 더 이상 사랑으로만 서로 묶어진 것이 아니다. 이제부터 그들은 자신들의 어깨에 짊어진 죄에 대한 공동의 인식 때문에 할 수 없이 공생해야 한다. 그리고 한 무죄한 인간이 경찰에 몰려죽게 되었다. 남자친구의 행위가 증명하듯이 질서의 수호신인 경찰조차도 더 이상 믿을 만한 존재가 못된다. 경찰로서의 의무를 다하는 것과 자신의 이해를 챙기려는 갈등 사이에서 - 그는 여자를 혼자 독차지하고 싶었고 이 일을 발설하지 않음으로써 그녀를 자기에게 완전히 묶어두고 싶었다 - 결국 그 자신을 유죄로 만드는 이기주의가 승리했다. 따라서 겉으로 보기에 행복하게 끝난 것 같은 이 이야기는 사실상 주인공 둘에게 찬란하게 펼쳐질 희망찬 미래를 예고하지 않는다.

히치콕은 유성영화에 대해 회의적이었음에도 이 새로운 방법이 얼마나 창조적으로 적용될 수 있는가를 「협박」에서 증명해 보인다. 소리가 도입됐다고 해서 영화의 고유한 특성이 손상되지도 않았을 뿐더러, 소리가 무성영화에서의 자막을 실험적으로 대치하는 정도의 역할만 하는 영화의 불필요한 요소로 평가절하되지도 않았다.

이 영화에서 연출기법상 효과적으로 소리를 도입한 예로는 유명해진 한 장면, 즉 한 이웃집 여자가 주인공이 있는 자리에서 이 사건을 평하는 장면을 들 수 있다. 처음에는 마치 거대한 파도 소리처럼 명확하게 들리던 말소리가 점점 희미하게 알아들을 수 없는 잡음처럼 되고, 그중 '칼'(범행 도구)이라는 단어만 점점 뚜렷해진다. 그녀는 이 단어를 들을 때마다 몸을 떤다. 언어와 화면의 조화를 통해 장면을 이처럼 명확하게 표현함으로써 관객들은 처음으로 이 아가씨가 얼마나 양심의 가책에 시달려야 하는가를 알게 된다. 이것은 단지 "하나의 특정한 소리만 들리게 함으로써 한 인간의 정신 상태를 어떻게 영화로 잘 표현할 수 있는지"를 보여주는 장면이라고 할 수 있다.[83]

다른 장면에서 히치콕은 인간의 청각 수단이 얼마나 역설적인 것인가, 또 사람들이 사용하는 언어가 얼마나 서로를 속일 수 있는가를 보여준다. 시체를 발견한 여주인이 전화로 경찰에 신고하는 장면에서 경찰관과 여주인은 서로 단어는 명확히 잘 알아듣지만, 도대체 무슨 말을 하는지 내용을 이해하는 데에 상당한 어려움을 겪는다.

한 비평가는 히치콕이 "어떻게 소리가 영화기술의 빼놓을 수 없는 하나의 요소로 통합될 수 있는가"를 잘 보여주고 있다고 인정했다.[84] 하지만 예나 지금이나 변함없이 히치콕은 시각적인 표현 방식을 더 중요하게 생각했다. 그래서 그는 「협박」에서 이른바 '쉬프탄 기법Schüfftan-Verfahren'이란 것을 시도해본다. 이것을 처음 고안해낸 독일 카메라맨의 이름을 따 명명된 이 기법은 1927년 프리츠 랑의 「메트로폴리스」에서 처음 사용되었는데, 마치 사건이 스튜디오가 아니라 진짜 현장에서 발생하는 것처럼 착각하게 하는 효과를 낳는다. 이 기법은 건물의 내부나 외부 공간들을 찍은 사진을 복잡한 반사기술을 통하여 스튜디오에 설치한 소품들에 투사시키는 것이다. 히치콕은 대영박물관 내부 조명이 너무 어두워서 그곳에서 직접 촬영하는 것이 불가능하자, 추적 장면을 찍기 위헤 이 쉬프탄 기법을 사용했다.

"영국 최초의 유성영화"라고 알려진 이 「협박」은 비평가와 관객들 사이에서 대작으로 꼽히게 되었다. 그리고 이것은 한풀 꺾여 있던 감독의 명성을 한층 높여놓았다. 어언 서른 살이 된 히치콕은, 이런 유명세가 감독으로서의 활동을 매우 편하게 해주며 제작자들과의 관계에 있어서 많은 자유를 확보하게 해준다는 사실을 잘 알고 있었다. 또 그는 자신이 제작자들에게 그것에 대한 대가를 확실하게 지불하고 있다는 사실도 명확하게 인식하고 있었다.

히치콕은 겉보기에 돈 문제에 대해서는 아는 것이 별로 없는 듯한 인상을 남겼다. 아마도 일에만 전념하는 열정적인 영화감독으로서의 자신의 이미지를 손상시킬까 봐 두려워했던 것 같다. 하지만 실제로 그는 자신의 이름을 이용해서 경제적 부를 늘리는데 상당한 재능을 보였다. 예컨대 그는 특히 기자들에게 감독으로서의 히치콕의 인기를 조장하는 일이 주업무인 히치콕 베이커 프로덕션Hitchcock Baker Productions, Limited을 만들었다. 뿐만 아니라 잭 손더스Jack Saunders와 같은 재정 전문가를 고용해서 수입을 관리하게 하고 금전에 관한 모든 문제를 처리하게 했다.

히치콕이나 앤소니 애스퀴스Anthony Asquith같은 감독들이 소리를 무엇보다도 하나의 예술적 요구로 파악한 반면, 영화산업은 이 새로운 기술이 얼마만큼 많은 이득을 가져올 것인가에 우선적으로 관심을 가졌다. 따라서 얼마 되지 않아 영화계에서는 한때 히치콕이 "연극의 단순한 연장"[85]이요, "대본을 암송하는 사람들"을 그대로 영상에 담아낸 것에 불과하다[86]고 비꼬아서 얘기했던 장르가 판을 치게 된다. 왜냐하면 관객들의 기호가 가장 잘 맞고 따라서 상당한 수익을 가져다 줄 수 있는 것들이 인기 있는 제작물로 미국과 유럽의 영화 중심부에 자리 잡게 되었기 때문이다.

무엇보다도 성공한 연극을 영화로 만들었을 경우가 이런 기준들에 잘 들어맞았다. 여기서도 할리우드가 모범을 보였다. 1928년에 촬영한 「메리 듀건의 시련The Trial of Mary Dugan」은 인기 있는 브로드웨이 작품이 유성영화로 다시 만들어졌을 때, 영화시장에서 얼마만큼의 수익성을 보장하는가를 잘 보여준다. 코미디 뮤지컬이라든가 레뷔 영화 등도 연극작품을 영화화했을 때 못지않게 엄청난 수입을 가져다 주었다. 그것은 영화시장의 지도자들에게 상당한 재정을 투자해서라도 영화, 연극, 음악 등 각 방면의 모든 스타들이 등장하는 제작물을 빠른 시일 내에, 하지만 대부분 전혀 영화의 고유한 기법을 사용하지 않은 채 만들게 하는 충분한 이유가 되었다.

히치콕을 고용한 영화사 BIP도 이런 유행을 틈타 돈을 벌고 싶어 했다. 그래서 그 회사에 고용된 감독들에게 레뷔 영화인 「엘스트리 콜링Elstree Calling」[87]을 만들게 했다. "털끝만치도 관심 없었다"[88]라고 히치콕이 후에 말한 것으로 볼 때, 바리에테 형식의 순서를 따라 노래와 춤, 그 외의 묘기 등으로 이어지는 방대한 스펙터클을 담은 이 작품은 결코 히치콕 자신의 요구 수준에 도달하지 못한 것이었음을 알 수 있다.

하지만 관습적이고 별 볼 일 없는 이 공동작품에서도 히치콕은 아이러니 감각과 기술적인 측면에서 선견지명이 있음을 입증했다. 즉 그는 어떤 사람이 엘스트리쇼^{Elstree-Show}를 보기 위해서 텔레비전(!)을 고치려고 무진 애를 쓰는 장면을 만들어 넣은 것이다.

히치콕의 스튜디오는 적어도 경제적으로 볼 때 「엘스트리 콜링」에 제대로 투자한 셈이다. 이 영화는 흑백과 컬러, 두 가지로 만들어졌고 최소한 11개가 넘는 외국어로 번역되어 팔렸다.

■ 숀 오케이시의 연극을 영화화한 「주노와 페이콕」의 한 장면

다음 세 편의 작품도 인기 있던 연극작품들을 영화화한 것으로 역시 히치콕의 야심만만한 기대에 미치지 못하는 것들이었다. 그리고 항상 더욱 분명한 결과로 나타나듯이, 연극작품을 영화화하는 것은 감독의 구상 능력을 상당히 제한하는 것이었다.

아일랜드의 극작가 숀 오케이시Sean O'Casey의 작품을 영화화한 「주노와 페이콕Juno and the Paycock」에 대해 그는 "정말로 의욕이 없었습니다. 왜냐하면 그것을 영화의 언어로 묘사할 가능성을 전혀 발견하지 못했기 때문입니다."[89]라고 말하고 있다. 오케이시가 영화 촬영 장소에 들를 정도로 히치콕과 개인적으로 친하고 서로 이야기가 잘 통했음에도 이 프로젝트는 "창조적인 측면에서 볼 때 전혀 즐거운 경험이 아니었다".[90]

"「주노와 페이콕」이 연극작품을 성공적으로 영화화해냈다 하여 축하받았음에도 나 스스로는 정말 부끄럽다고 생각했습니다. 왜냐하면 그것은 영화와는 거리가 먼 작품이었기 때문입니다. 비평가들은 그 영화를 칭찬했지만, 나는 마치 무언가를 훔쳤을 때처럼 어쩐지 뭔가 석연찮게 느껴졌습니다."[91]

영화 전문잡지인 「필름 위클리Film Weekly」의 여론조사 결과는 연극 작품을 영화화한 것들이 얼마나 대중의 인기를 끌고 있는가를 보여주었다. 1930년의 영국 최고 영화 다섯 편 중 세 편이 연극을 각색해 만든 작품이었다. 제임스 훼일James Whale과 조지 피어슨George Pearson

이 감독한 「여행의 끝Journey's End」, 배질 딘Basil Dean이 만든 「탈출Escape」과 더불어 히치콕의 「주노와 페이콕」이 그것이었다.

다음 제작물인 「살인Murder!」이라는 영화도 클레멘스 데인Clemence Dane과 헬렌 심프슨Helen Simpson의 연극작품인 「존 경이 관여하다Enter Sir John」에 기초한 것이다. 이것은 히치콕이 만든 몇 되지 않는 '후던이츠'(Whodunits:누가 그 일을 했는가) 류의 영화에 속한다. 후던이츠 영화란 범인을 찾는 것을 주 테마로 하는 영화를 말한다. 20년이 지난 후 히치콕은 이런 종류의 영화를 두 편 더 만들었는데, 하나는 「무대 공포증Stage Fright」이고 다른 하나는 「해리의 소동The Trouble with Harry」이다. 히치콕은 이런 종류의 영화를 항상 기피했다. 왜냐하면 "대부분의 경우 이런 류의 영화는 어떻게 끝나는가에만 관심을 갖기 때문"[92]이다.

그럼에도 이 「살인」은 「하숙인」에서 언급된 주제, 즉 한 인간의 진정한 자기 정체성이 무엇이며 진정한 현실과 그냥 눈에 비치는 세계 사이의 차이가 무엇인가를 영화적으로 묘사할 기회를 주었다. 「살인」에서 주인공은 계속 자신의 역할을 바꿔가며 다른 사람으로 변장해서 나타난다. 모든 것은 결국 관찰자가 바라보는 각도에 달려 있다. 왜냐하면 객관적인 진리란 더 이상 존재하지 않기 때문이다.

제작자는 「살인」을 독일어권 영화시장에 내놓기 위해 히치콕을 독일로 파견했다. 더빙은 1932년 이후에야 기술적으로 가능했기 때문에 독일어로 독일 배우들과 촬영을 해야만 했다. '존 경이 관여하다Sir John greift ein'라는 독일어 제목이 붙게 된 이 영화의 독일어판은 독일어권 내에서 최악의 실패를 맛보았다. 이 시나리오에 담긴 영국 고유의 냄새가 독일적 분위기와 독일인의 성격에 맞지 않았기 때문이었다.

"영국인들의 웃음을 자아낼 수 있었던 아주 섬세한 표현들이 독일인들에게는 전혀 와 닿지가 않았습니다. 예컨대 품위를 떨어뜨리게 한다든지 잘난 척하는 것을 비꼬는 일 말입니다. 배우들도 소화해내는 데 어렵다고 느끼는 것 같았고 나 스스로도 독일인의 특성을 이해하지 못하고 있다고 느꼈습니다."[93]

하지만 역으로 이러한 어려움들은 결국 히치콕이 영국 문화와 "영국적 삶의 특징"[94]들을 너무도 적확히 화면에 담았다는 사실에 대한 간접 증거로 볼 수 있다. 그는 작품 속에서 영국인의 일상 문화에 담긴 잔잔한 부분까지 잘 파고들어 표현한 몇 안 되는 영국 감독 중 한 사람이었다. 영국 영화에서 영국인의 문화적 정체성을 찾을 수 없다고 우려하던 당시의 비평가들이 감독들에게 요구했던 것이 바로 그것이었다.

영국에서는 「살인」이 긍정적으로 수용되었다. BIP사는 성공한 연극작품을 영화화한 이 제작물로 말할 것도 없이 많은 수익을 올렸다. 그리고 그 덕분에 히치콕은 다음 작품으로 1920년에 처음으로 무대에 올려진 존 골즈워디의 작품 「스킨 게임」을 영화화해달라는 의뢰를 받았다. 『포사이트가의 연대기Forstye Saga』로 유명해진 이 작가와 히치콕은 원래 개인적으로 친한 사이였다. 하지만 원래 그 작품을 영화화하고 싶은 마음이 전혀 없던 히치콕에게 친구의 작품이라고 해서 갑자기 의욕이 생길 리는 없었다.

「스킨 게임」은 땅을 놓고 싸우는 두 가정의 이야기를 그린 것인데, 이 영화에 대한 히치콕 자신의 유일한 평은 다음과 같다.

"내가 이 테마를 찾아다닌 것이 아닙니다. 따라서 이 영화에 대해서는 하고 싶은 말이 하나도 없습니다."[95]

히치콕은 그 후 전혀 자기의 관심을 끌지도 못했고 예술적으로도 별로 잘 표현할 여지를 주지 못했던 네 편의 작품에 감독으로 혹은 스태프로 참여했다. 스튜디오 측이 연극을 영화화하는 작업을 그만둘 의사가 전혀 없다는 사실은 그를 더욱 실망시켰다. 자신의 개인적인 아이디어를 계속적으로 펴나갈 전망이 전혀 보이지 않았기 때문이다. 이러한 어쩔 수 없는 상황에 대한 분노가 그로 하여금 주변 사람들에게 못된 짓을 해 그들을 곤혹스럽게 하거나 화나게 만드는 행동을 하도록 부채질한 것 같다. 히치콕은 도가 지나치거나 거의 독불장군이나 새디스트에 가깝다고 할 수 있는 괴팍스러운 장난을 하기로 악명이 높았다.

예를 들어 그가 스튜디오의 한 일꾼과 내기를 한 적이 있었다. 히치콕은 이 사람에게 꽁꽁 묶인 채 스튜디오에서 하룻밤을 보낼 용기가 없을 거라고 약을 올렸다. 이 일꾼이 내기에 응한 것은 단순히 거기에 걸린 돈의 액수가 높아서만은 아니었던 것 같다. 히치콕은 몸소 그에게 수갑을 채웠고 강력한 설사약을 살짝 타 넣은 수면용 드링크를 작별인사로 그에게 권했다고 한다.[96]

창의력에 제동이 걸리고, 자신의 재능이 전혀 의미를 갖지 못하는 영화에 헛되이 소비되는 것을 보상받기 위해서, 그는 적어도 영화의 기술적인 측면에 집중함으로써 숨 쉴 공간을 찾으려고 노력했다.

1931년에서 1932년으로 해가 바뀔 무렵 그는 부인 알마와 세 살 난 딸 패트리샤와 함께 아프리카와 카리브해를 포함하는 세계여행을 했다. 그가 여행에서 돌아오자 존 맥스웰은 그에게 새로운 임무를 맡겼다. 또다시 조지프 J. 파전Joseph J. Farjeon의 「17번지Number Seventeen」라는 연극작품을 영화화하는 것이었다.

이것은 히치콕을 이중으로 화나게 했다. 그 이유 중 하나는 히치콕과 알마가 여행 도중에 자신들의 영화를 위해 개발해놓은 아이디어에 대해 맥스웰의 반응이 시원찮았다는 것이고, 다른 하나는 존 밴 드루텐John van Druten의 「런던 벽London Wall」의 영화화 작업을 자신이 맡게 될 것이라고 거의 확신하고 있었는데, 그 대신에 오히려 「17번지」를 맡고 싶어 하던 다른 감독인 토머스 벤슬리Thomas Benthley에게 그 일이 돌아갔다는 것이었다.

분노와 반항과 자기주장을 하고 싶은 욕구가 뒤범벅이 된 채 히치콕은 제작자 몰래 「17번지」를 범죄영화 장르를 조롱하는 패러디로 만들기로 결심했다.[97] 이렇게 해서 이 영화는 거친 장면들, 익숙하지 않은 당황스런 요소들과 상투적인 장면들, 당치도 않은 내용의 전환 등으로 가득 차게 되었다. 예를 들어 주연 여배우가 영화 전체를 통틀어 한 번도 말을 하지 않는다던가, 17번지 집 밑에 불한당들이 도망 다니는 철도가 있다던가, 또는 죽은 사람조차 금방 살아날 것처럼 주위 배경이 음산하다든가 하는 등이 그것들이다. 한번은 기차와 버스가 서로 엄청나게 빠른 속도로 달리기 시합을 하는 장면이 보여지는데, 결국 기차가 운하 위를 다니는 나룻배와 충돌하는 것으로 끝난다. 물론 관객들은 이것이 다 소형 모형들임을 뻔히 알아챌 수 있었다.

히치콕은 후에 이 영화를 "완벽한 실패"[98]라고 한마디로 치부해 버렸다. 이 영화의 비웃는 듯한 느낌을 제작자나 관객들이 못 느꼈을 리 없고, 따라서 찬사를 받기는커녕 인정조차 받지 못한 것은 당연했다. 단지 소형 모형임을 뻔히 느낄 수 있게 했던 촬영 기술상의 미숙만이 비판의 대상은 아니었다. 「17번지」에서는 긴장감과 전체에 대한 조망, 감정이입의 가능성 등이 완전히 빠져 있었다. 아무리 잘 평가해도 이 영화는 실패한 코미디라고밖에 할 수 없었다.

히치콕은 의무적으로 만들어야 했던 작품들을 끝내고 난 뒤, 자신이 세계여행 중에 구상했고 정말 만들고 싶어 했던 프로젝트에 제작자들의 주의를 환기시키는 데 성공했다. 그것은 「링」 이후 영화만을 위한 원작, 즉 오리지널 시나리오에 기초한 최초의 작품이었다.

시나리오는 밸 밸런타인Val Valentine과 히치콕의 부인 알마 레빌이 썼다. 제목은 '리치 앤 스트레인지Rich and Strange'로 셰익스피어의 『폭풍우』의 한 부분에서 인용한 것인데•, 동시에 주인공 둘을 가리키는 말이기도 하다. 사람들은 금세 이것이 앨프레드와 알마의 반半자서전적인 내용임을 알 수 있었다.

프레드와 에밀리는 어쩌다 생각지도 않게 부자가 된다. 젊지만 생각이 고루한 이 한 쌍은 호화 유람선을 타고 세계여행을 한다. 그러나 유람선에서 만난 사람들로부터의 경험이나 그들이 처했던 곤경, 사람들과의 불화 등이 그들의 삶의 지평을 전혀 넓혀주지 못한다. 이로써 이 영화는 이들이 인생을 배우는 데 있어서 얼마나 무능력하며 상황에 대처하는 능력이 얼마나 부족한지를 보여주었다.

감독과 시나리오 작가가 의도한 신랄한 자기비판은 영화에서 명백히 조롱거리가 되는 주인공들에 대한 냉소로 표현된다. 영화의 주인공들은 일도 많았던 긴 여행으로부터 다시 원점으로 돌아온다. 다

• 그대의 아버지는 다섯 길 바닷속에 누워 있다네.
그의 뼈는 산호가 되었고
그의 눈은 진주가 되었다네.
그의 몸은 하나도 썩지 않고
바닷속에서 변화를 겪어
풍요롭고 색다른rich and strange 것이 되었다네.
바다의 요정들이 매 시간
그를 애도하는 조종을 울린다네.

_ 셰익스피어, 『폭풍우The Tempest』, 1막 2장

른 대부분의 영화가 본뜨는 고전적인 교육소설에서와는 달리 히치콕의 영화 속의 부부는 여행의 경험으로부터 배운 것이 하나도 없다. 그들은 여전히 예전처럼 멍청할 정도로 순진하고 자기밖에 모른다. 셰익스피어의 작품에서 인용되었음을 암시하는 문구가 목표하는 인간성의 변화는 결국 일어나지 않는다.

「리치 앤 스트레인지」는 관객들의 기대를 조롱한다. 주인공들의 모습이 너무 적나라하게 드러나, 관객들이 자신을 주인공과 동일시할 수 있는 가능성을 결코 찾을 수 없었기 때문이다. 이는 이 영화가 "성공작"임에도 불구하고[99] 관객들로부터 별다른 호응을 얻지 못한 이유일 수도 있다.

「리치 앤 스트레인지」이후 히치콕은 직업적으로 가장 힘든 시기를 맞이했다. 스튜디오는 그와의 공동작업에 더 이상 관심이 없다는 표시로 마지막 프로젝트인 「캠버 경의 여인들Lord Camber's Ladies」에서 감독이 아닌 제작자의 일을 그에게 맡겼다. 감독은 벤 W. 레비Benn W. Levy가 맡았다. 히치콕의 눈에 당시 "최고의 연기자"[100]로 비쳤던 제럴드 듀 모리에Gerald du Maurier와 거트루드 로렌스Gertrude Lawrence 같은 호화 배우들이 출연했음에도 불구하고 '쿼터 쿼키'로 만들어진 이 영화는 완전히 실패했다. 이로써 히치콕은 세 번째의 커다란 재정적 손실을 맞본 셈이 되었다.

7. "서스펜스와 스릴러의 전문가"[101]

「캠버 경의 여인들」을 마지막으로 BIP사와의 계약은 끝났다. 새로운 직장을 찾는 중에 우선 히치콕은 알렉산더 코다Alexander Korda가 경영하는 런던 영화사Lodon Films와 계약을 했다. 일단 '정글을 나는 날개Wing over the Jungle'라는 제목의 프로젝트가 기획되었다. 그러나 이 프로젝트는 코다가 작품을 촬영하는 데 드는 비용을 넉넉히 갖고 있지 못했기 때문에 실패하고 말았다. 히치콕이 당시 아직 무명이었던 코다를 만난 것은 운명의 장난이라고 할 수 있다. 얼마 지나지 않아서 코다는 영화 「사생활Private Life……」로 영국 영화사에서 매우 중요한 제작자 중 한 명으로 부상했다.

　히치콕에 있어 이 때는 영화계 데뷔 이후 처음으로 미래의 전망이 없어 보이는 듯한 시기였다. 사실은 그 스스로가 생각했던 것보다 더 절망적이었는지도 모른다.

"그 당시 내 인기는 정말 땅에 떨어져 있었습니다. 그래도 행복했던 것은 내가 그 사실을 몰랐다는 거지요. 그것은 허영심이 아니었습니다. 나는 속으로 한 번도 나 자신에게, '네 인생은 이제 끝났다. 감독으로서의 너의 능력은 물 건너갔다'고 얘기한 적이 없습니다. 그러나 다른 사람들이 보기에는 그렇게 느껴졌나 봅니다."[102]

다행히도 톰 아널드Tom Arnold라는 독립 제작자가 뮤지컬을 영화화한 「비엔나에서 온 왈츠Waltzes from Vienna」의 감독을 맡겠냐고 제안했다. 히치콕은 자신이 전에 영화화했던 연극작품들과 마찬가지로, 요한 슈트라우스Johann Strauss와 그 아들의 이야기를 주제로 한 이 작품이 마음에 들지 않았지만 다른 대안이 없었으므로 이것을 맡기로 했다. "음악 없는 음악 영화" 「비엔나에서 온 왈츠」는 히치콕이 후에 악평하듯이, "완전히 싸구려 영화"[103]였으며 전혀 긍정적인 반응을 얻어내지 못했다. 미국의 영화 전문잡지인 「버라이어티Veriety」는 "바다를 건너와서는 안 될 영화"[104]라는 한마디로 이 영화를 완전히 무시하는 평을 했다. 요한 슈트라우스 역을 맡은 배우 에스먼드 나이트Esmond Knight는 히치콕이 촬영 도중 절망에 빠져 이렇게 부르짖었다고 주장한다. "멜로드라마만이 내 능력으로 할 수 있는 유일한 것이라니!"[105] 어쨌든 레뷔 영화라는 장르가 그의 분야가 아니었던 것만은 사실이다.

「비엔나에서 온 왈츠」의 촬영은 고먼트 브리티시Gaumont-British 사 소속의 라임 그로브 스튜디오Lime-Grove-Studios에서 진행되었다. 1930년대 초에 고먼트 브리티시 사는 당시에 자본력이 가장 강했던 오스트러 형제 은행 다음으로 재정이 든든했던 회사로, 브리티시 인터내셔널 픽처스와 더불어 영국 영화산업계를 이끌어 갔다. 이 두 회사가 영국내 시장을 거의 지배했다고 할 수 있다. 그들은 영화관을 사기도 했고 최신의 음성기기들을 갖춘 스튜디오를 세웠으며, 영화 보급회사를 설립하기도 했다. 각 분야에서 최고의 배우들과 스태프를 고용하는 것 또한 경제적 성공을 보장받기 위한 그들의 전략 중 하나였다.

라임 그로브 스튜디오에서 히치콕은 그 사이에 고먼트 브리티시의 이사장이 된 마이클 밸컨을 다시 만났다. 그리고 당시 그의 오른팔 역할을 하던 사람은 히치콕이 익히 잘 알고 있던 아이버 몬터규였다. 이들을 다시 만나게 된 것은 정말 행운이었다. 왜냐하면 밸컨이 그 당시 일자리도 없고 운이 다한 히치콕에게 다섯 편의 영화를 같이 만들자고 제안했기 때문이다.

1934년 초 히치콕이 고먼트 브리티시 사와 계약을 끝냈을 당시, 영국 영화산업계는 전무후무한 호황을 맞고 있었다. 국제적으로 보아 몇 년 동안 거의 무의미한 시기를 보냈던 이 섬나라의 영화 제작은 그 이후 이전에는 한 번도 경험하지 못했던 비약을 했다. 영국에서는 1926년 한 해 동안 겨우 26번의 저녁을 때울 만한 오락 영화밖에 제작되지 않았는데, 1933년에 오면 159편으로 늘어났다. 이런 성장 경향은 이후 4년 동안이나 지속되었고 그것이 절정에 도달한 1937년에는 미국을 제외하고는 그 어느 나라에서도 영국에서

제작된 오락 영화 숫자를 따라갈 수가 없었다. 그뿐 아니라 영화관 숫자에서도 영국은 남부끄럽지 않을 실적을 올렸다. 1928년에는 영국 전역에 음성기기를 갖춘 영화관이 모두 50곳 있었는데 1932년에 이 숫자는 6배 이상 늘어났다.[106]

고먼트 브리티시와 함께 일하게 된 것은 감독으로서의 히치콕에게는 하나의 구원을 의미했다. 이 새 회사는 그가 필요로 하는 모든 기술적인 장비를 갖추고 있었고, 그의 옛 상관이자 이제 새 상관이 된 마이클 밸컨은 그에게 여러 자유를 허용했다. 한편으로 굉장히 실망스러웠던 지난 5년 동안의 경험은 히치콕에게 한 교훈을 남졌다.

"「리치 앤 스트레인지」와 「17번지」의 실패 이후 나는 자신에 대해 굉장히 비판적이어야 하며, 스스로 해놓은 작업을 평가하기 위해서는 거리를 갖고 그것에 다시 두 번째 시선을 던질 줄 알아야 한다는 것을 배웠습니다. 그리고 무엇보다도 앞으로 마음이 별로 내키지 않는 프로젝트에는 절대 손을 대지 않기로 했죠. 정말 내 집에 온 것처럼 편안하게 느껴지는 프로젝트에서 좋은 작품이 완성되는 겁니다."[107]

그리고 멜로드라마 이외에는 더 이상 다른 것을 만들 수 없다는 그의 탄식은 특정 분야, 즉 범죄영화를 염두에 둔 표현이었다.

"나는 범죄를 둘러싼 줄거리를 선택합니다. 왜냐하면 그것만이 내가 유일하게 쓸 수 있고, 또 다른 사람이 쓸 때 도울 수 있는 것이기 때문입니다. 즉 그것만이 내가 성공적으로 영화화해낼 수 있는 유일한 이야기 형태입니다."[108]

고먼트 브리티시는 1934년에 한 편당 제작비용이 125만 파운드가 되는 영화를 40편이나 기획했다. 이것이 얼마나 어마어마한 계획인지는 당시 할리우드에서 가장 막강한 회사였던 메트로 골드윈 메이어Metro-Goldwyn-Mayer가 최고 전성기에도 42편 이상을 만들어내지는 못했다는 사실과 비교해보면 알 수 있다.

고먼트 브리티시가 제작한 영화들 중 하나가 「너무 많이 아는 사람The Man Who Knew Too Much」이었는데 이 작품을 통해 히치콕은 새로 고용된 감독으로서 데뷔했다. 그렇게 많은 돈을 받지는 못했지만, 연극을 영화화하는 지겨운 일에서 풀어준 이 계약이야말로 그에게는 하나의 해방을 의미했다. 드디어 그가 자신의 영화 아이디어를 실현시킬 수 있는 소재를 만났던 셈이다.

그는 시나리오 작가인 찰스 베넷과 함께 그가 가장 좋아하는 줄거리인 범죄와 음모, 폭력을 둘러싼 대본을 썼다. 정치가를 암살하고 자녀를 납치하는 등의 내용이 담긴 「너무 많이 아는 사람」은 히치콕에게 일류 감독으로서의 명예를 가져다 준 일련의 작품들이 이제 시작됨을 알리는 서곡이었다.

1934년에 촬영된 「너무 많이 아는 사람」에 뒤이어 비슷한 간격을 두고 「39계단」The Thirty-Nine Steps, 1935, 「비밀 첩보원」Secret Agent, 1936, 「사보타주」Sabotage, 1936, 「젊음과 무죄」Young and Innocent, 1937, 「한 여자가 사라지다」The Lady Vanishes, 1938 등이 제작되었다. 여러 가지 좋은 외부조건에 힘입어 그의 영국에서의 제작 활동 중 가장 중요하고 성공적이었던 이 시기에, 그는 이 여섯 편의 연속적인 작품 속에서 처음으로 그 자신의 예술적인 감각을 지속적으로 실현시킬 수 있었으며 자신의 '필적'인 히치콕 스타일을 개발할 수 있었다. 다시 말해 이들 영화에는 한편으로 긴장감과 놀라움, 다른 한편으로는 코믹함과 아이러니를 독특하게 함께 엮어 넣은 그의 스타일이 담겨 있다.

대조되면서도 서로 보충적인 역할을 하는 장면들이 가장 잘 섞여 있는 영화가 「한 여자가 사라지다」이다. 이 영화는 처음에는 마치 슬랩스틱 코미디를 연상시키면서 진행되다가 점점 긴장이 감도는 스파이 영화로 넘어간 후, 마지막 부분은 드라마틱한 절정으로 끝난다.

이런 히치콕 고유의 스타일을 위해 고도의 기술 수준과 연출 상의 자유가 필요했다. 여러 사람에 의해서 자주 인용되는 "촬영을 시작하기 전에 이미 영화의 모든 것을 머릿속에 갖고 있다"[109]라는 그의 말과 그가 모든 장면과 모든 대사 하나하나를 다 외우고 있을뿐더러 나중에 화면에 비쳐질 영상이 어떻게 나타나리라는 것까지도 자세하게 다 알고 있다는 이야기 등은 그의 광적인 연출 의지를 잘 나타내준다.

그의 이런 연출 성향은 어떤 것도 우연적 또는 즉흥적으로 진행되는 일을 허락하지 않았다. 따라서 히치콕이 촬영 중에 전혀 무관심한 듯이, 어떻게 되든 상관없다는 듯이 행동했다는 당시 사람들의 보고[110]는 믿을 만하다고 생각된다. 그들은 또 그가 어쩌다 가끔 고개를 끄덕이기만 했고, 한 번도 카메라로 직접 들여다 본 적이 없다고 얘기한다.

작품들을 실제로 제작하는 과정에서 그가 보인 이러한 무관심은 다음과 같이 역설적으로 들리는 고백에서 절정을 이룬다.

"나는 촬영하지 않아도 되기를 원했습니다. 시나리오 작성을 끝내고 그것을 종이에 적어놓음으로써 나는 창작을 마친 셈입니다. 나머지 일들은 내게 지겹고 따분할 뿐이죠."[111]

기술적인 노련함과 독특한 기법만이 그가 지속적으로 인정받게
한 요인은 아니다. 그는 동시에 자신의 예술성이 즐기고자 하는 관
객의 욕구와 돈을 벌고 싶어 하는 스튜디오의 이해관계에 모두 잘
부합할 수 있음을 보여주었다. 그의 영화가 흥행에 성공하지 못했다
면 감독으로서의 그의 수명은 아마도 금방 끝이 났을 것이다.

예술적인 면에서 생각해볼 때, 1934년부터 1939년까지 5년 동
안 그가 성공할 수 있었던 것은 단순히 문학작품을 영화화하는 일
에서 탈피해 배우들의 연기를 넘어서는 영화 자체의 독특한 의미를
영상에 부여함으로써 영화의 언어를 일관성 있게 형상화할 수 있었
기 때문이다. 여기서 가장 중요한 형상화 기법은 몽타주이다. 즉 순
수하게 배우들의 연기만으로는 나타낼 수 없는 전체 흐름을 통찰할
수 있도록 화면들을 엮는 것이다.

"감독의 능력은 연기 행위 속에 들어 있는 형태들을 단순히 사진으
로 찍어내는 것이 아니라 영화를 하나의 영상으로 구성해내는 것입
니다."[112]

히치콕은 「사보타주」의 한 장면을 통해 이에 대해 설명한다.

"실비아 시드니가 채소가 담긴 쟁반을 상 위에 놓으면서 칼을 잡을

■ 「39계단」에서 쫓기는 주인공 로버트 도넷Robert Donat이 스코틀랜드의 고원지대로 도망다니는 장면, 1935년

때, 칼의 마법에 걸린 듯 마치 손이 독립적인 개체처럼 느껴지는 한 장면이 있습니다. 그때 카메라는 우선 그녀의 손을 비추고 그리고 눈을, 다시 손을, 그러고 나서 또다시 눈을 비춰줍니다. 그녀가 정신을 차려서, 칼이 무엇을 의미하는지를 떠올릴 때까지 이런 장면이 계속 되지요……. 여기서 실비아 시드니의 표정 연기로 그녀의 마음을 나타내고자 영화를 만들었다면 그것은 잘못 만들어진 영화였을 것입니다. 나는 그런 것을 싫어합니다……. 그래서 나는 관객들이 순수하게 영화만의 방법으로 그녀의 마음을 읽어낼 수 있게 노력합니다."[113]

무엇을 보여줄 것인가와 어떻게 보여줄 것인가는 배우들의 연기나 그들의 대사가 아니라 카메라가 결정한다. 영상의 독립성을 추구하는 이런 콘셉트는 관객의 감정을 사로잡기 위한 것이다.

"첫 번째 과제는 감정을 불러일으키는 것이며, 두 번째는 일어난 감정을 지속되게 하는 것입니다."[114]

관객들을 "상황 속으로 끌어들이고",[115] "조건반사"[116]적으로 반응하도록 하기 위해 히치콕이 어느 누구보다도 완벽히 구사할 수 있었고 또 좋아했던 방법이 서스펜스이다.

'긴장'이라는 단어로는 잘 표현하기 힘든 이 서스펜스의 특징은 관객들이 영화 속의 연기자보다 더 많이 알도록 하는 기법을 사용하는 것이다.

"진정한 서스펜스를 느끼게 하려면 관객들에게 정보를 주는 것이 결정적입니다. 진부한 소재이지만 '폭탄 이론'을 예로 들어봅시다. 여러분과 내가 탁자에 앉아서 야구에 대해서 얘기하고 있는 중이라고 가정해봅시다. 한 5분 정도 얘기한다고 할까요. 그때 갑자기 폭탄이 폭발했다고 하면 관객들이 놀라는 것은 한 10초 정도일 것입니다. 다시 한 번 같은 가정을 해봅시다. 이번에는 처음부터 관객들이 탁자 밑에 폭탄이 장치되어 있다는 것을 알고 있다고 합시다. 그리고 실제로 화면을 통해 보고 있습니다. 그리고 그것이 5분 뒤에 폭발

▪ 「비밀 첩보원」에서의 페터 로레, 1936년(위)과 「젊음과 무죄」의 한 장면, 1937년(아래)

• 「젊음과 무죄」에 카메오로 등장한 히치콕

할 것이라고 생각해봅시다. 그러나 우리들은 하릴없이 야구에 대해서 계속 이야기하죠. 그러면 관객들의 느낌이 어떻겠습니까? 그들은 우리에게 지금 야구에 대해서 떠들 때가 아니야, 책상 밑에 폭탄이 장치돼 있어, 제발 도망가 라고 말하고 싶겠죠. 하지만 관객들은 사실상 아무것도 할 수 없습니다. 의자에서 일어나서 화면으로 달려 들어가 폭탄을 제거해 던져버릴 수도 없는 일이고. 따라서 관객들은 그 시간 내내 긴장감에 사로잡히죠……. 중요한 것은 만약 관객들을 이 지점까지 몰고 가는 데 성공했다면, 폭탄을 터뜨려서 사람들을 죽여서는 안 된다는 겁니다. 그러면 관객들로서는 너무도 화가

날 것이기 때문입니다."[117]

이러한 서스펜스의 기법을 통해서 히치콕은 그러잖아도 원래 자신의 영역이라고 얘기하던 범죄 스토리로부터 '공포영화'라는 하나의 장르를 만들어냈다. 관객들의 감정을 잘 계산해서 조종하는 것을 목표로 하는 이런 종류의 영화들에서 관객들은 ― 예컨대 도난당한 비밀문서 때문이든 혹은 범인의 정체가 드러나는 것 때문이든 간에 ― 어떤 이유에서 이런 감정이 일깨워지는지에는 관심을 갖지 않는다. 히치콕은 그 자체로는 아무것도 아닌, 하지만 그것에서 시작해서 영화의 줄거리가 만들어지는 모티프를 '맥거핀MacGuffin'(영국 음악당 Music Halls 전통에서 따온 개념)이라고 불렀다.[118]

"맥거핀은 영화의 등장인물들이 굉장히 중요하게 생각하고 그것을 둘러싸고 이야기가 진행되지만 관객들은 사실상 별 관심을 두지 않는 것들입니다."[119]

중요한 것은 극적인 상황에 의해서 얻어지는 긴장감이다.

히치콕은 공포영화에서 자신의 영화 제작 전략을 가장 잘 드러낼 수 있는 소재를 비로소 발견했다. 1934년부터 1939년 사이에 만들어진 영화는 「젊음과 무죄」를 제외하고는 모두 첩보원이나 스파이에 관한 것이었다. 그러나 특히 「너무 많이 아는 사람」, 「사보타주」, 「한 여자가 사라지다」는 단순한 스파이 영화를 넘어서서, 독재가 정착되고 있던 당시 유럽의 시대상에 대한 암시를 내포하고 있는 작품들이다. 이러한 암시는 나치 독일로부터 도피해야 했던 페터 로레[Peter Lorre]나 오스카 호몰카[Oscar Homolka] 같은 배우들을 주인공으로 기용함으로써 더욱 강조되었다.

이 영화들이 정치적 성향을 띠고 있다고 해서 히치콕이 시대 비판을 목적으로 이 영화들을 만들었다고 결론지을 수는 없다. 히치콕은 계몽성 영화라든가 선전 영화를 만드는 데 전혀 관심이 없었다. 그는 이에 대한 자신의 견해를 "관객이 극장에서 정치에 관심을 갖는 것은 아니다"[120]라는 한 문장으로 간결하게 요약한다. 시대적 연관성은 영화의 줄거리에 동기를 부여하고 사건의 출발점, 즉 한 인간이 어떻게 재난과 악에 대처해나가는지에 대해 단서를 제공하는 역할을 할 뿐이다.

히치콕의 영웅들이 처한 상황은 실존적 기본 상황이다. 영웅들의 적이 나치 공작원이든 일반 범죄자이든 여기서는 상관이 없다. 히치콕이 보여주고자 했던 것은 공포라는 관점에서 바라본 세계, 즉 질서 뒤에 숨어 있는 혼돈의 위험 때문에 느껴지는 두려움이다. 「너무 많이 아는 사람」에 나오는 가족은 겉으로 보기에는 안정되고 확고한 기반을 갖춘 세계의 모습을 대표한다. 어떻게 이것이 예측할 수도 없이 잔인하게 범죄의 위력에 의해 파괴되어가는가를 이 영화는 보여준다. 주인공들은 개인적인 이해관계와 국가와 사회에 대한 의무 사이에서 자신이 원하지도 않는 갈등에 처하게 된다. 「사보타주」에서는 가정이라는 것 자체가 이런 갈등의 씨앗을 담은 곳으로

■ 「한 여자가 사라지다」의 촬영 작업을 찍은 사진, 1937년. 왼쪽으로부터 샐리 스튜어트, 마거릿 락우드, 히치콕, 구기 위더스

묘사된다.

여섯 편의 영화 모두에 공통적으로 나타나는 것은 어떤 나라도 피난처가 되지 못한다는 사실이다. 「너무 많이 아는 사람」의 공간적 배경은 상징적으로 이를 가장 잘 표현하고 있는데, 바로 이런 무시무시한 사건이 펼쳐지는 곳이 다름 아닌 스위스이기 때문이다. 전통적으로 안정되어 있고 안전하며 중립을 자처하는 나라로 유명한 이 나라조차 이런 위협에 방패막이가 되지 못한다.

마찬가지로 정직성이나 정의와 같은 부정할 수 없는 가치조차 믿을 수 없는 것으로 묘사된다. 「비밀 첩보원」에서 주인공은 악과 싸우기 위해 결국 악당과 똑같이 비열한 방법을 써야만 했다. 인간은 대부분 그가 겉으로 나타내거나 표현하는 모습 그대로가 아니다. 인간은 거의 모두가 하나의 가면을 쓰고 있다. 그 가면 뒤에 자신의 본 모습, 즉 부끄러운 의도를 품고 있는 모습을 숨기고 있는 것이다. 그래서 주인공들은 많은 경우에 자신이 갖고 있는 직감이 감각기관을 통해 실제로 경험하는 것보다 더 믿을 만하다는 것을 증명해 보인다. 그래도 우리에게 여전히 위안이 되는 것은 이 주인공들이 때때로 자신의 한계를 넘어서서 용감히 위협과 맞서고 – 물론 그 때문에 죄 없이 쫓기기도 하지만 – 자신의 정직성 때문에 결국은 목적에 도달한다는 사실이다.

왜 바로 이런 종류의 영화들이 히치콕에게 가장 큰 성공을 가져다주었는지에 대해서는 단지 추측이 가능할 뿐이다. 그것은 아마도 사회 심리적인 이유로 설명될 수 있을 것 같다. 왜냐하면 국제정세가 불안하던 시기에 그의 영화는 관객들에게 정서적 공감대를 제공했기 때문이다. 히치콕의 공포영화 장면들이 주는 오락성은 어느 누구의 공감대도 잃지 않았던 것이다.

8. 할리우드에서의 새 출발

미국 영화산업계는 영국 출신의 거장 감독에게 주목하기 시작했다. 「너무 많이 아는 사람」, 「39계단」, 「한 여자가 사라지다」가 미국에서도 상당한 성공을 거둔 후 1936년 히치콕을 고용하고 싶어 하는 할리우드의 제작자들로부터 제안이 들어왔다. 그는 이에 대해 관심을 보이기는 했으나 영리하고 계산 빠른 사업가처럼 크게 호들갑을 떨면서 반응하지는 않았다. 하지만 그는 이것이 그가 그토록 오랫동안 기다려왔던 절호의 기회임을 잘 알고 있었다.

영국에서는 더 이상 그가 예술적으로 발전할 수 없었다. 유례없는 급성장을 한 번 경험했던 영국의 영화산업계는 다시 위축될 위기에 놓여 있었다. 오락 영화 제작도 상당히 저조했다. 히치콕은 부진한 영국 영화사로부터 더 이상 흥미 있는 제안을 기대할 수 없었으며 자유 제작자들은 대부분 그가 생각하는 프로젝트를 뒷받침할 재정적 여유를 갖추고 있지 못했다.

그는 자신의 예술성도 미국에서 더 잘 실현시킬 수 있을 것이라고 생각했다. 왜냐하면 미국에서는 유럽, 특히 영국에서와는 달리 영화가 천박한 대중오락이나 연극보다 한 단계 질이 떨어지는 연극의 아류쯤으로 간주되는 것이 아니라, 하나의 독립적인 예술 장르로 군림하고 있었기 때문이다. 결국 히치콕의 영화는 "미국식 영화에 깊이 뿌리박고 있다"[121]고 할 수 있다. 페이머스 플레이어스 래스키에서 일한 경험을 통하여 그는 "미국식 강의"[122]를 이수한 셈이기 때문이다. 그때부터 그는 미국식 영화 제작 방법에 매료되었던 것이다.

히치콕은 1937년 8월 초, 부인 알마와 비서인 존 해리슨(Joan Harrison: 후에 에릭 앰블러Eric Ambler의 부인이 되었다)과 함께 첫 미국 여행을 했다. 존은 그 이후 그의 가장 친한 동료가 되었고 거의 가족이나 다름없게 되었다. 뉴욕행 대여객선 '퀸 메리'호로 이동한 이 여행을 히치콕은 휴가여행이라고 공식적으로 발표했다. 그러나 도착 이후 그는 RKO, 파라마운트, MGM과 같은 대형 영화사의 대표들과 만나 협상을 시작했다.

히치콕은 예전에 이즐링턴 스튜디오에서 견습하던 시기에 마이런 셀즈닉Myron Selznick을 알게 되었다. 셀즈닉은 1924년 런던에서 만들어진 영화「열정적 모험」의 공동 제작자였는데, 히치콕은 그때 미술감독과 시나리오 작가로서 함께 일했다. 마이런 셀즈닉은 자신의 동생인 데이비드가 히치콕을 고용하고 싶다는 의사를 강력히 표명했다는 사실을 히치콕에게 알려주었다. 데이비드 셀즈닉의 제안이 보수 면에서 매우 매혹적이었을 뿐만 아니라 – 데이비드 셀즈닉은 네 편의 영화 제작에 당시의 시세로 보아 어마어마한 액수인 80만 달러를 제안했다 – 그가 큰 특권을 누리는 인물이라는 사실이 히치콕의 생각에 큰 영향을 미쳤다.

1920년대 이후 데이비드 셀즈닉은 유명한 할리우드 영화들을 제작했는데, 영화의 고전이라고 할 수 있는 「킹콩King Kong」을 비롯해 찰스 디킨스의 작품을 영화화한 「데이비드 커퍼필드David Copperfield」, 「두 도시 이야기A Tale of Two Cities」들이 그것이다. 셀즈닉은 1934년에 설립한 자신의 영화사를 통해 '대군단'을 가진 독립 제작자로서의 면모를 입증하고 싶었다. 드디어 히치콕과의 협상이 시작되었는데, 그 무렵 그는 영화사상 제작비에 있어 수십 년 동안 아무도 능가하지 못한 작품 「바람과 함께 사라지다Gone With the Wind」를 만들고 있었다.

어쩌면 세 살 어린 나이의 셀즈닉이 자기에 버금가는 열정적인 영화 제작자이며 동시에 완벽주의자라는 사실이 히치콕의 결정에 영향을 미쳤을지도 모른다. 어쨌든 1938년 7월에 히치콕은 셀즈닉과의 계약에 서명했고, 첫 번째 작품으로서 타이타닉호의 침몰에 관한 영화가 계획되었다.

하지만 할리우드로 이사하는 일은 생각만큼 그렇게 빠른 시일 내에 이루어질 수 없었다. 왜냐하면 그전에 히치콕은 영국에서 맺은 계약에 따라 1939년 가을까지 그가 탐탁지 않게 생각한 영화인 「자메이카 여관Jamaica Inn」을 완성해야 했기 때문이다. "완전히 바보 같은 짓"[123]이며 흥미도 없고 짐만 되는 이 과제를 수행한 후에 히치콕

▪ 1939년, 히치콕 가족 미국 땅을 밟다

■ '꿈의 공장'의 대로, 1930년대 할리우드

가족은 1939년 셸리그린에 있는 집을 팔고, 크롬웰가 153번지에 있던 방을 정리한 후 3월 1일, 요리사 한 명과 가정부 한 명, 개 두 마리를 동반하고 사우샘프턴Southampton에서 출발하는 항해 길에 올랐다. 일행은 뉴욕과 플로리다를 경유해서 3월 말경에 로스앤젤레스에 도착했다.

히치콕의 사생활에 관한 한, 미국에서의 새 출발은 아무 문제없이 평탄했다고 할 만했다. 그들은 클라크 게이블Clark Gable과 그의 부인 캐럴 롬바드Carole Lombard 같은 할리우드 스타들과 금세 친해졌으며 또한 어니스트 헤밍웨이, 토마스 만과도 알게 되었다. 그 밖에도 이 새로운 이주민들은 그들에게 알맞은 집(할리우드의 벨라지오가 10957번지)을 쉽게 구할 수 있었고, 여기서 다음 수십 년간 삶을 보냈다.

한편, 사생활과는 반대로 스튜디오에서의 작업은 예기치 않았던 어려움에 부딪히게 되었다. 히치콕이 할리우드에서 일하기로 결정한 가장 큰 이유는 전혀 예술적 감각도 없고 이해도 없는 제작자들의 지긋지긋한 조종을 이제 뒷전으로 돌리고 싶었기 때문이다. 하지만 그는 비를 피하려다 폭풍우를 만난 격이었다. 왜냐하면 셀즈닉은 자신이 고용한 감독들과의 관계에 있어서 자신의 완고한 생각을 끝까지 고집했고 전혀 양보를 모르는 사람이었기 때문이다.

영화계에서 셀즈닉은 "대단한 녹음기The Great Dictater"[124]로 통했다. 왜냐하면 부하직원들에게 엄청난 메모들과 셀 수 없을 만큼 많은 서류들을 통해 지극히 세밀한 부분까지 지시하는 것이 그의 주특기였기 때문이다. 히치콕과 같은 이미 인정받은 감독들도 예외가 될 수 없었다. 몇 년 뒤에 히치콕은 이렇게 농담했다.

"셀즈닉은 종종 나에게 거의 예술에 가까운 서류를 보내곤 했습니다. 나는 며칠 전에서야 비로소 그 중 하나를 겨우 끝까지 읽을 수 있었습니다."[125]

편집증적인 이들 두 영화인의 만남은 따라서 필연적으로 갈등을 낳을 수밖에 없었다. 그리고 셀즈닉의 피고용인들 중에서 특히 히치콕이 가장 갈등의 소지를 많이 안고 있었다. 셀즈닉은 타이타닉호의 운명을 영화화하려던 원래의 계획을 포기하고, 대신 영국 작가 대프니 듀 모리에 Daphne du Maurier 의 작품을 골랐는데, 그녀는 바로 히치콕이 영국에서 마지못해 마지막으로 감독한 하찮것없는 영화 「자메이카 여관」의 작가였다.

■ 데이비드 셀즈닉

영화 「레베카 Rebecca 」의 시나리오를 쓸 때부터 히치콕과 셀즈닉 사이의 마찰은 시작되었다. 히치콕이 제안한 결론 부분을 셀즈닉이 한마디로 거절했던 것이다. 왜냐하면 그것이 미국 영화 검열계의 엄격한 도덕기준, 즉 이른바 헤이스 법 Hays-Code 126 과 충돌할 것을 우려했기 때문이었다.

그 외에도 수많은 사소한 시비가 있었지만 1939년 9월 「레베카」는 촬영에 들어갈 수 있었다. 이 영화는 히치콕이 할리우드로 이주한 사실을 감안할 때 굉장히 역설적인 영화라고 할 수 있다. 영국에서 미국식의 영화를 만들었고 사실상 바로 그 때문에 미국으로 이동한 영국 감독이 거꾸로 미국에서는 원작, 배경, 배우 선정, 연기 등 모든 면에서 전형적으로 영국적인 작품을 만드는 데 동의했기 때문이다.

셀즈닉이 자신의 새로운 동료가 '영국적' 영화를 가장 잘 만들

것이라고 속으로 계산했다면 그것은 잘 맞아떨어진 셈이다. 「레베카」는 미국 영화 아카데미에서 오스카상을 빚은 히치콕 최초의 영화였다. 하지만 「레베카」가 수상한 오스카는 감독이 아니라 제작자에게 돌아가는 상이라고 할 수 있는 '최우수 작품상'이었다. 주역을 맡은 존 폰테인Joan Fontain과 로렌스 올리비에Laurence Olivier의 연기력 또한 「레베카」의 질을 결정하는 데 큰 역할을 했다. 하지만 셀즈닉과의 불화에도 불구하고 성공한 이 영화에 대해 감독은 조금도 만족할 수 없었다.

> "그것은 전혀 히치콕의 영화가 아닙니다. 그것은 일종의 동화에 불과합니다. 줄거리는 저물어가는 19세기에 속한다고 볼 수 있고요. 정말 유머도 없고 시대적으로 한물간 옛날 스토리라고 말하고 싶습니다."[127]

그럼에도 「레베카」에서는 히치콕의 스타일, 즉 그의 이야기 진행 방식이나 시각적·예술적 구성에 있어서 이미 여러 가지 변화가 일어났음을 알 수 있는데, 이는 새로운 거처와 새로운 작업장이 준 변화라고 할 수 있다. 미국의 스튜디오는 경제적으로 더 여유가 있었다. 그는 영국에서보다 더 비싼 장비들로 영화를 만들 수 있었으므로 ― 예를 들면 카메라 촬영에 있어서 그전보다 눈에 띄게 돈을 많이 들였다 ― 기술적으로 더 잘 갈고 다듬어진 영화가 나올 수 있었던 것은 당연했다.

■ 「레베카」의 한 장면. 히치콕이 자신의 영화에 카메오로 등장한 유명한 장면 중 하나

하지만 이뿐만 아니라 등장인물의 성격 규정이나 행위의 동기 설정 등에 있어서도 변화가 나타났다. 한 비평가는 그것을 다음과 같은 적절한 공식으로 표현했다. "이제부터는 인간 (마음의) 심연을 들여다보는 것이 히치콕의 전문 분야가 되었다."[128]

사실 다음 몇 년 동안 히치콕의 영화에서는 심리학에 대한 관심, 특히 등장인물들의 정신적 상태와 그로부터 생기는 두려움과 공포에 대한 관심이 점점 더 많은 의미를 갖게 되었다. 그가 영국에서 만든 영화들에서는 심리적 모티프가 부차적인 역할을 했고 '악당'이나 '범죄자'들이 범행을 저지르는 것은 대부분 조잡한 물질적 이유나 정치적 이유에서였다. 따라서 이들 영화는 이해하기가 쉬웠다.

반면 1939년 이후의 영화들은 시민사회의 질서가 개인의 심리적 왜곡을 통해 종종 위협받는다는 사실을 보여준다. 하지만 여기서 개인은 사실상 굉장히 호감이 가는 특징들을 지니고 있으며, 단지 정서적으로 안정되어 있지 않다는 이유 때문에 피해자이자 동시에 가해자가 된다.

> "이것은 다시 말해, 악당은 모두가 다 까맣고 주인공은 모두가 다 하얗지는 않다는 사실을 의미합니다."[129]

오히려 그와 반대로 주인공은 때로 그의 심리적 성향 때문에 '악'에 더 가까이 가는 경우가 있다. 둘 중 누가 가해자인가를 결정하는 것은 종종 우연이다. 1950년에 만들어진 「열차 안의 낯선 자들Strangers on a Train」에서는 이런 점이 극단적으로 표현된다. 즉 여기서는 주인공이 마음속으로 몰래 원하면서도 도덕적인 양심의 가책 때문에 혹은 심약하거나 겁쟁이라서 실행에 옮기지 못하는 것을 범인이 실천했을 뿐이다. 유죄와 무죄 사이의 경계가 없어지고 선과 악이 얽혀 있는 이러한 구조 때문에 위협은 질서에 내재하는 한 요인이 된다.

셀즈닉과의 긴장관계는 히치콕을 상당히 힘들게 했다. 그것에 대한 결정적인 증거로 그의 몸무게를 들 수 있는데, 할리우드에서의 첫 10주 동안 25파운드나 늘었고,[130] 1939년 말경에는 유례없이 150킬로그램 이상 나가게 되었다.

그가 이렇게 먹는 데서 즐거움을 찾는 것으로 욕구를 대신 만족시키는 습성으로, 즉 우리가 익히 알고 있는 옛 습성으로 돌아간 데에는 셀즈닉과의 끊임없는 충돌만이 원인으로 작용했던 것은 아니다. 유럽에서의 정치적 변화도 큰 이유가 되었다.

1939년 9월부터 영국은 전쟁에 들어갔다. 독일 폭격기가 런던과 그 외의 다른 영국 도시들을 폭격하기 시작했다. 히치콕은 어머니와 형제들의 안전과 생명에 대해서 걱정했다. 그들과 함께 같은 장소에 있지 못한다는 사실이 그를 더욱 초조하게 했다. 어머니 에마 히치콕이 이 점에 대해서 그를 비난했는지에 대해서는 알려진 바가 없다. 하지만 몇몇 영국 동료들이나 기자들은 고향이 위급한 상황에 처했을 때 그곳에 있지 않고, 조국의 전쟁을 위한 노력에 도움이 될 일을 전혀 하지 않는다고 그를 비난했다. 반면에 윈스턴 처칠은 할리우드에 거주하는 영국 출신의 영화제작자들은 오히려 그곳에 머물면서 자신의 일을 통해 영국 문제에 대해 동정을 불러일으키는 것이 더 좋다는 의견을 표명했다.[131]

군복무에 관한 한 전혀 도움이 되지 못하는 히치콕은 이런 비난에 대해서 굉장히 민감하게 반응했다.[132] 그는 1940년 6월에 고향에 잠시 들렀다. 영국 정부에 봉사하기 위해서가 아니라 그의 어머니를 방문하기 위해서였다. 이 시기에 할리우드에서의 그의 경력은 이미 새로운 방향으로 접어들었다. 히치콕의 입장에서 좋았던 점은 셀즈닉과의 싸움에서 해방된 것이고, 다른 한편 불안했던 점은 영국에서의 삶의 여정과 비슷하게 굴곡이 심한 인생이 다시 시작될 것처럼 보인 것이었다.

할리우드 스튜디오의 고용관계가 보통 그렇듯이, 셀즈닉은 자신의 감독들을 '임대료'를 받고 다른 회사에 빌려주었다. 이렇게 해서 히치콕은 유나이티드 아티스츠United Artists 스튜디오의 다음 영화인 「해외 특파원Foreign Correspondent」을 월터 웽어Walter Wanger라는 제작자를 위해 만들게 되었다. 영화의 내용은 제2차 세계대전이 발발하기 바로 직전, 유럽의 정치상황을 보도하기 위해서 유럽으로 파견된 한 유능한 미국 기자를 다룬 것이다. 그는 자신이 사랑하는 여인의 아버지인 국제평화주의자 협의회의 덕망 있는 지도자가 사실은 나치 첩보단의 두목이라는 사실을 알아낸다.

어떤 의미에서 「해외 특파원」은 고국의 사람들은 전쟁에서 싸우는데 자신은 안전한 캘리포니아에서 살고 있다는 사실을 변명하기 위한 히치콕의 시도라고 할 수 있다. 왜냐하면 이 영화는 다른 애국적 요소 외에도 독일 폭격기가 런던을 공격하고 있는 장면을 또한 담고 있기 때문이다.[133] 모든 힘을 동원해서 나치를 저지해달라고 이 기자는 한 방송 스튜디오에서 미국 시민들에게 정열적으로 연설한다. 이 장면은 채플린의 영화 「위대한 독재자」의 마지막에서 사람들의 감정에 호소하던 연설 장면과 마찬가지로, 연출 면에서 볼 때 완전히 잘못 삽입된 것으로 보인다. 그럼에도 「타임Time」지와 「뉴욕 헤

▪ 「의혹」의 촬영 장면, 1941년. 존 폰테인과 캐리 그랜트와 함께 있는 히치콕

럴드 트리뷴New York Herald Tribune」지는 「해외 특파원」이 당시 아직 고립적
으로 행동하던 미국 시민에게 저항의식을 일깨워준 "올해 최고의 영
화 중 하나"[134]라고 격찬했다.

　히치콕 영화 특유의 최면적 효과에 대한 감탄은 전혀 원하지 않
던 쪽에서도 나왔다. 나치 독일의 선전부 장관 요제프 괴벨스Joseph
Goebbls는 어떻게 관객들을 조종할 수 있을까를 연구하기 위해 정기적
으로 외국 영화들을 상영하게 했다. 그가 바로 이 영화들 중에서 「해
외 특파원」이야말로 "적국에서 상당수의 대중들에게 영향을 미칠
일류 작품"[135]이라고 평가했던 것이다.

그러나 「해외 특파원」은 결코 정치 선동 영화는 아니다. 히치콕이 즐겨 다루는 "한 무직한 인간이 사건에 말려들어간다"[136]는 주제가 영화의 핵심을 이루기 때문이다. 이 외에도 이 영화는 예전의 많은 히치콕의 작품들에서 이미 알려져 있던 소재, 예컨대 아버지와 딸의 갈등이라든가 연인들이 결혼한 후 새롭게 느끼는 여러 가지 감정 등을 담고 있다.

그의 다음 영화는 바로 부부 사이의 이러한 새로운 감정들을 다루고 있는데, 히치콕의 작품 전체를 통틀어 영화 유형상 특별한 위치를 차지한다. 즉 「스미스 부부Mr. and Mrs. Smith」는 히치콕이 촬영한 유일한 스크루볼 코미디screwball comedy 영화이다. 굉장히 빠른 템포로 전개되고, 말장난과 대담한 대사들이 오가는 것을 기본으로 하는 스크루볼 코미디, 즉 미국 고유의 코미디 장르에 손댈 엄두를 낸 것은 히치콕 자신이 얘기하듯이 캐럴 롬바드의 권유 때문이었다. 「스미스 부부」에서 여자 주인공 역을 맡았던 그녀는 히치콕과 절친한 사이였다. 비록 「스미스 부부」가 이 코미디 장르의 고전이라 불리는 하워드 호크스Howard Hawks의 「아기 키우기Bringing up Baby」나 에른스트 루비치Ernst Lubitsch의 작품에는 미치지 못하지만, 그래도 히치콕은 영상이나 화면보다는 대사에 상당히 의지하는, 따라서 사실상 자기에게 친숙하지 않은 코미디 류의 이 영화를 놀랍게도 잘 처리했다.

「스미스 부부」에 이어서 1941년 그의 두 번째 "영국적 할리우드 영화, 즉 영국 배우가 등장하고, 영국 배경에, 영국 소설을 영화화한"[137] 「의혹Suspicion」이 RKO 스튜디오에서 제작되었다. 「의혹」에 나타난 심리적인 기본 모티프는 두 사람이 서로에게 품고 있는 불신이다. 이는 그 이후에 제작된 영화인 「의혹의 그림자Shadow of a Doubt」와 「백색의 공포Spellbound」를 예견하게 하는 주제였다.

히치콕은 자신에게 흥미 있는 주제를 계속적으로 다룰 수 없었다. 셀즈닉은 「의혹」을 제작한 이후 그를 유니버설 사에 빌려주었고, 히치콕은 거기서 다음 두 영화를 만들었다. 그리하여 영국풍의 섬세한 심리 분석 작품의 뒤를 이어 스파이 영화인 「파괴 공작원Saboteur」이 만들어졌다. 「사보타주」, 「39계단」, 「비밀 첩보원」, 그리고 「해외 특파원」 등의 후속편이라고도 할 수 있는 이 영화는 전쟁에 들인 미국의 노력에 대한 감독의 치하라는 의미를 가지고 있다.

미국은 그 사이 전쟁에 참여했고, 「파괴 공작원」에 담긴 애국적 요소가 영화를 성공으로 이끌었다. 이것은 감독에게도 대단히 유리하게 작용했다. 왜냐하면 유니버설 사가 히치콕에게 스스로 다음 프로젝트를 선택하도록 허락했기 때문이다. 이러한 자유를 이용해서 그는 당시 일류 시나리오 작가였던 손턴 와일더Thornton Wilder와 더불어 자신의 구미에 가장 잘 맞는 소재를 선택했을 뿐만 아니라, 그때까지만 해도 넘을 수 없었던 할리우드의 여러 규칙들을 위반하는 등의 일도 감행했다.

예컨대 당시 대부분의 영화는 모형 배경을 가지고 있는 스튜디오 내부에서 촬영되었는데, 그는 이 관습을 깨고 캘리포니아에 있는 작은 마을인 산타로사Santa Rosa라는 곳에서 로케이션을 했다. 또 과부를 죽인 주인공 불한당 역에 그때까지 한 번도 범죄자 역으로 등장

하지 않았던 조지프 코튼^{Joseph Cotten}이라는 이미지 좋은 스타를 기용
했다. 이것은 영화 전체의 구성과 잘 맞아떨어진다. 왜냐하면 여기
서 히치콕은 처음으로 범죄자를 매혹적인 인물로, 그리고 관객이 자
신과 동일시할 수 있는 좋은 인물로 묘사했기 때문이다.

「의혹의 그림자」는 한 살인자를 중심으로 벌어지는 내용을 담은
영화로서, 살인자는 경찰을 피해서 누이동생의 가족이 사는 한 작은
도시에 나타난다. 그리고 그곳 마을 사람은 이 살인자를 세상 경험
이 많고 돈도 많은 한 시민으로 생각한다. 그가 자신과 근본적으로
비슷한 점이 많다고 느낀 그의 조카딸은 그에게 반하게 되는데, 어

■「의혹의 그림자」의 한 장면, 1943년

느 날 우연히 그의 비밀을 알게 된다. 하지만 그녀는 그를 경찰에 신고하지 않는다. 영화는 결국 그녀가 정당방위로 그를 죽이는 것으로 끝난다.

「의혹의 그림자」는 히치콕이 자신의 영화 중에서 매우 좋아하는 작품 중 하나로서[138] "사건과 화면의 이중성의 원칙을 매우 엄격하게 따른 스타일의 영화이다……. 각 등장인물들은 자신에 상응하는 대칭 인물을 가지고 있고, 장면 하나하나도 보완 장면을 가지고 있다.[139] 두 주인공, 즉 살인자와 조카는 둘 다 찰리라는 같은 이름을 가진 것에서 시작해서, 경찰관이 두 번 등장하는 것에 이르기까지 이러한 특징은 계속해서 나타난다. 이런 이중세계에서 처음 언뜻 보기에는 선과 악이 뚜렷이 구별되는 듯이 느껴진다. 하지만 이 구별은 남의 집 숟가락 수까지 셀 수 있는 소도시의 흠잡을 데 없는 한 가족의 삶이 범상치 않은 어떤 것의 침입에 의해서 방해받기 시작하면서 무너진다. 왜냐하면 이 찰리라는 동일한 이름을 가진 두 사람의 만남이 유죄와 무죄 사이에 그어져 있는 선을 지워버리기 때문이다. 도덕과 순수함 그 자체라고 할 수 있는 조카는 비록 자신의 의지에 반하는 것이었지만 결국 한 인간을 죽이게 된다.

「의혹의 그림자」에서 히치콕은 자신이 8년 뒤 「열차 안의 낯선 자들」에서 표본적으로 그리게 될 것을 미리 알리고 있다. 이것은 또한 샤브롤과 로메르가 "죄의 전이"[140]라고 부른 바로 그것이다. 우리가 보통 죄가 없다고 가정하는 한 인간이 범죄자와의 접촉으로 그의 범죄에 참여하게 되고, 그래서 선과 악은 동전의 양면과 같은 것이 되고 만다.

「의혹의 그림자」가 도덕성과 범죄가 읽혀 있음을 분석해놓은 실험적 성격의 영화라면, 20세기 폭스 영화사20th Century Fox의 의뢰를 받고 만들게 된 히치콕의 다음 영화는 미학적인 면에서나 기술적인 면에서 하나의 도전이라고 할 수 있다. 존 스타인벡John Steinbeck의 원작을 기초로 해서 만든 영화 「구명보트Lifeboat」는 대서양을 표류하게 된 구명보트 위에서 처음부터 끝까지 진행된다. 독일 전함의 어뢰에 의해서 격침된 배의 생존자 9명이 한 구명보트에 타고 있다. 이들의 다양한 성격과 사회적 지위는 "전쟁의 축소판 세계"[141]를 보여준다.

영화 전체를 한 공간, 그것도 굉장히 좁은 공간에서 촬영한 것은 대담한 시도였다. 하지만 히치콕은 이런 위험부담을 별로 느끼는 것 같지 않았다. 왜냐하면 그는 모든 "심리영화에서는 결국 전체 분량의 80퍼센트가 확대 촬영되거나 확대 촬영에 가깝게 촬영"[142]되어야 한다고 생각했기 때문이다. 연극무대 같은 장면들은 생각했던 것보다 어려움을 덜 안겨주었다. 영화를 촬영하기에는 다소 부적절하다고 할 수 있는 이 촬영 장소가 비판의 화근이 된 것이 아니라, 그보다는 오히려 영화 내용이 비판의 대상이 되었다. 사람들은 히치콕이 미국에 명백하게 공헌할 만한 영화를 만들리라 기대했는데, 그 대신에 그는 배우들의 행동이나 그들의 관심사를 통해서 다양한 인간들의 각기 다른 모습만을 보여주었기 때문이다. 사건은 여러 명이 함께 저지른 공동 살인 – 유일하게 인간미를 끝까지 간직한 한 흑인을 제외하고는 거기에 있는 모든 사람들이 이 살인에 가담했기 때문이다 – 이라고 볼 수 있는 한 행위에서 절정을 이룬다.

　처음에는 정체가 드러나지 않았던 독일인 선장 윌리를 히치콕이 똑똑한 인물로 묘사한 점이 특히 비난을 많이 받은 부분이었다. 이 선장은 적어도 계획을 세우는 일과 항해에 따르는 여러 제반 기술에 관한 한 배에 탔던 모든 미국인을 능가했으며 전체를 통솔하게 되었다. 히치콕이 나치 장교를 미국 민주주의를 대표하는 다른 사람들보다 더 결단력 있고 능력 있는 인물로 묘사한 것에 대해 도로시 톰프슨Dorothy Thompson 같은 비평가는 혹평했다. 그녀는 자신의 칼럼에서 "이 영화는 10일 안에 도시를 떠나야 한다"[143]고 썼을 정도였다.

　「구명보트」 때문에 받은 비난이 너무 가슴 아파서 다음 두 편의 영화에서는 연합군을 명백하게 옹호하는 내용을 다뤘다는 후일담을 히치콕은 부인한다. 어쨌든 1944년의 남은 기간 대부분을 그는 영국 정보국으로부터 위탁받은 두 편의 짧은 선전영화를 영국에서 만드는 데 보냈다. 각각 30분짜리인 두 편의 영화 「즐거운 여행Bon Voyage」과 「마다가스카르의 모험Aventure Malgache」은 프랑스 레지스탕스의 업적을 그린 영화인데, 예술적인 가치가 전혀 없고 지금까지 알려진 바로는 대중에게 상영된 적도 없다.[144]

　히치콕은 두 번째로 영국을 방문하게 된 기회를 단순히 전쟁에 대한 연합군의 노고를 치하할 목적으로만 이용한 것은 아니었다. 그는 셀즈닉이 다음 영화로 심리치료에 관한 내용을 다뤄보면 어떨까 하고 생각하고 있음을 알게 되었다. 그는 영국에서 이에 관한 영화를 찍기에 적합한 소재를 찾아다녔다. 그래서 히치콕은 물망에 오른

■ 「구명보트」의 한 장면

몇 편의 작품에 대한 판권을 확보하고 그것을 다시 자신의 제작자에게 팔아넘김으로써 이득을 남기고 싶어 했다.

그의 예상은 적중했다. 1927년에 출판된 프랜시스 비딩Francis Beeding의 소설 『에드워즈 박사의 집The House of Dr. Edwardes』을 기초로, 셀즈닉이 선호하는 시나리오 작가 앵거스 맥페일Angus MacPhail과 벤 헤크트Ben Hecht가 같이 「백색의 공포」의 시나리오를 썼다.

"최초의 정신분석학 영화"[145]를 감독했다는 것은 히치콕의 자랑거리였다. 이것은 셀즈닉에게도 안성맞춤이었다. 왜냐하면 한편으로 1941년에 처음으로 공연된 뮤지컬 「어둠 속의 여인Lady in the Dark」이 래로 지크문트 프로이트의 이론이 미국에서 한창 유행하고 있었고, 다른 한편으로 셀즈닉은 자신이 새롭게 탄생시킨 스타 그레고리 펙Gregory Peck과 역시 자신이 '발굴한' 잉그리드 버그만Ingrid Bergman을 위해 알맞은 소재를 찾고 있던 중이었기 때문이다.

이 영화는 셀즈닉의 특징인 아주 작은 부분까지 개입하는 꼼꼼함과 고도의 기술이 어우러져 만들어졌다. 관객들의 호응도를 높이기 위한 전략으로 영화 제목을 공모하는 등의 계획까지 세워졌다.[146] 주인공이 꾼 꿈을 영상에 담기 위해 스페인 출신의 초현실주의자 살바도르 달리Salvador Dalí와 계약이 맺어졌고, 헝가리 작곡가 미클로슈 로자Miklós Rózsa는 주인공의 정신병에 걸맞은 배경음악 효과를 내기 위해서 괴이하고 비현실적인 소리를 내는 새로운 형태의 악기 에테 포론Atherophon을 직접 개발하기도 했다. 로자는 이것으로 오스카상을 받았다.

「백색의 공포」는 하지만 정신분석학의 옷을 입은 유치한 사랑 이야기에 불과하다고 할 수 있다. 사실상 이 영화에는 많은 약점이 있다.

"한마디로 얘기해서 모든 것이 너무 복잡하고 마지막 설명 부분은 너무 황당합니다."[147]

고도의 기술과 어마어마한 제작비에도 불구하고 이 영화는 정신분석적 치료의 가능성을 단지 단편적으로밖에 표현하지 못했다. 그럼에도 영화는 관객을 동원하는 데는 성공했다.

히치콕은 잉그리드 버그만을 자신의 이상적인 배우로 생각했다. 그가 스웨덴 출신의 이 여배우에게 단순한 직업상의 관심 이상의 것을 느끼는 데는 오랜 시간이 걸리지 않았다. 하지만 상대방으로부터는 별다른 반응이 없었다. 히치콕은 금발의 미녀는 겉으론 차갑지만 속으론 화산처럼 폭발할 것 같은 정열을 감추고 있다는 상투적인 관념을 가지고 있었는데, 바로 잉그리드 버그만이 이런 인물에 부합하는 것으로 생각했던 것이다.

1946년에 처음으로 상영된 멜로드라마이자 첩보물인 「오명 Notorious」에서도 버그만은 주연을 맡았다. 독일이 원자폭탄을 제조하고 있다는 암시를 담고 있는 이 시나리오는 히치콕과 벤 헤크트가 쓴 것이었다. 시나리오 작업이 진행되는 동안 유럽에서는 제2차 세계대전이 끝났다.

> "영화의 원리는 매우 간단했습니다. 주인공 잉그리드 버그만은 FBI 소속 첩보원인 캐리 그랜트Cary Grant를 동반하고 라틴아메리카로 가야 했습니다. 그녀의 임무는 나치 일당이 모이는 집으로 들어가 무슨 일이 일어나는지를 알아내는 것이었지요."[148]

이런 첩보 내용을 배경으로 해서 히치콕은 두 남자로부터 사랑을 받지만 그중 한 남자를 사랑하는 불행한 한 여인의 이야기를 그

■ 「오명」을 촬영하며 캐리 그랜트와 잉그리드 버그만과 함께한 히치콕, 1946년

렸다. 이 여인은 사랑하는 사람의 입을 통해 그녀가 사랑하지 않는
다른 사람과 결혼하라고 강요받는다. 물론 그것은 상부의 명령이
었다.

"나는 직업적인 의무를 수행해야 한다는 이유로 여자에게 다른 사람
과 같이 자라고 강요하는 한 남자에 대한 영화를 만들고 싶었던 것
입니다. 이 사건의 정치적 의미는 내게 그다지 큰 관심거리가 아니
었습니다……."[149]

이 영화는 "버그만에 대한 히치콕의 사랑 고백"[150]이라고 할 수 있다. 왜냐하면 히치콕이 주연 여배우에 대해서 품은 로맨틱한 감정을 떨쳐버릴 수 없었기 때문이다. 여배우가 그를 성적으로 괴롭혔다는, 아마도 순전히 지어낸 것으로 보이는 이야기를 그는 공공연하게 떠들고 다녔다.[151]

셀즈닉은 시나리오부터 시작해서 감독, 배우에 이르기까지 「오명」에 관여했던 모든 것을 RKO 스튜디오에 팔았다. 그리고는 다시 그것을 사들여서 한 편의 영화를 제작했는데, 이것이 히치콕이 셀즈닉 밑에서 감독으로 일한 마지막 작품이다. 이 영화를 마지막으로 그들 간의 계약은 끝나게 되어 있었다.

「패러다인 부인의 재판The Paradine Case」의 시나리오 집필 등 준비 과정 중에 감독과 제작자 사이의 마찰은 다시 한 번 심화되었다. 히치콕은 셀즈닉이 고용한 여배우 앨리다 밸리Alida Valli에 대해 적합하지 않은 캐스팅이라고 비난했고, 셀즈닉은 이 영화와 동시에 제작을 진행했던 「태양 아래의 결투Duel in the Sun」에 말썽이 생겼다는 이유로, 히치콕이 감독하는 영화의 시나리오를 촬영 중간에 조금씩 넘겨주었다. 그레고리 펙, 앤 토드Ann Todd, 찰스 래프런Charles Laughton 등으로 짜인 배역도 화려했고, 올드 베일리의 법정을 원형에 가깝게 스튜디오에 만드는 등 비용도 상당히 많이 들어갔다. 제작기간도 9개월이나 투여되었으며 법정 장면에서는 네 대의 카메라로 동시에 촬영하는 등 촬영 또한 완벽했다. 음악은 프랜즈 왁스먼Franz Waxman과 같은 뛰어난 음악가가 담당했다.

■ 「패러다인 부인의 재판」, 1947년. 올드 베일리를 본떠 할리우드 스튜디오에 만들어 놓은 세트에서 찍은 법정 장면. 판사 역은 찰스 래프턴이 맡았다.

이와 같은 여러 가지 노력에도 불구하고 이 「패러다인 부인의 재판」은 뭔가 어색하게 짜맞춰놓은 듯한 어설픈 영화가 되고 말았다. 이 영화는 대중과 비평가들로부터 혹평을 받았고,[152] 셀즈닉은 재정적으로 엄청난 손실을 입었다.

9. 실험과 일상

히치콕은 그동안 충분히 셀즈닉이 시키는 대로 움직여 왔다. 봉급을 올려주겠다든지, 좀 더 나은 조건에서 일하게 해줄 테니 계약을 연장하자는 이 제작자의 제안은 이제 더 이상 히치콕의 마음을 끌지 못했다. 그는 이미 마음속에 다른 계획을 품고 있었다.

　주제별로 살펴보면, 지난 7년 동안 히치콕은 멜로드라마로부터 시작해서 스크루볼 코미디, 선전영화를 거쳐 첩보영화와 법정영화에 이르기까지 지그재그로 달려온 셈이었다. 그리고 대부분의 경우 소재와 배우 선정에 있어서 스튜디오가 강요하는 것을 따라야 했다. 무성영화와 영국 유성영화에서 성공한 후, 그는 할리우드에서도 이름을 날릴 수 있었다. 이것은 그의 세 번째 성공인 셈이다. 할리우드에서는 영국에서보다 더 유리한 조건으로 일할 수 있었다. 그가 그동안 이 방면에서 유능한 전문가라는 것을 이미 인정받고 있었기 때문이었다. 하지만 이것은 결국 영화 산업계에 많은 경제적 이윤을 가져다주기 위해 노력한 그의 희생의 대가라고 할 수 있다.

이 기간은 사생활 면에서 잃어버린 것이 많은 시기였다. 가장 견디기 힘들었던 것은 영국에서 연이어 발생한 어머니와 형의 죽음이었다. 1942년 여름 「의혹의 그림자」를 촬영하는 도중, 히치콕은 어머니 에마 히치콕이 의식불명 상태에 있다는 전갈을 받았다. 그는 촬영을 중단할 수도 없었고, 또 그러고 싶지도 않았다. 게다가 히치콕과 알마는 샌타크루즈Santa Cruz의 스코츠밸리Scotts Valley에 있는 집을 별장용으로 사기로 했는데, 바로 그 주간은 계약협상을 하기로 한 때이기도 했다. 에마 히치콕이 1942년 9월 26일, 79세의 나이에 신장병으로 숨졌을 때, 그녀의 곁에는 아들 윌리엄과 의사밖에 없었다.

히치콕은 이로 인한 쇼크에서 제대로 깨어나지도 못한 채 다시 1943년 1월 그의 형 윌리엄이 런던에서 원인 모를 죽음을 맞았다는 전갈을 받는다. 사망증명서에는 '심장마비'라고 씌어 있었다. 하지만 여러 정황 증거는 윌리엄 히치콕이 자살했으리라고 추측하게 한다.[153] 아버지의 직업을 이어받았던 형 윌리엄과 히치콕은 각별히 친한 사이는 아니었다. 그렇지만 윌리엄은 영국에 있는 누이와 더불어 히치콕의 가장 가까운 친족 중의 하나였다. 따라서 어머니의 임종을 지켜보지 못했다는 것과 형의 장례식에도 참석하지 못했다는 것에 대한 양심의 가책이 그를 괴롭혔다.

또 이 무렵 그의 딸이 다른 집을 구해서 나가게 되었다. 그녀는 아버지와 마찬가지로 고집이 센 편이었다. 그녀는 이제 성인이 되었고 스스로 직업을 선택할 권리가 있었다. 그녀는 배우가 되기로 결심했고 이미 첫 출연교섭을 받은 상태였다. 극작가 존 밴 드루텐이 그녀에게 브로드웨이 공연 작품인 「솔리테어Solitaire」에 주인공 역을 제안했던 것이다. 그녀는 이 작품으로 화려하게 데뷔했다.

히치콕의 유일한 자녀인 그녀가 배우의 길을 걷기로 결정한 것과 부모님의 집을 떠나기로 한 것은 히치콕의 마음을 아주 상하게 했다. 히치콕은 원래부터 배우라는 직업을 별로 좋지 않게 평가했는데, 딸의 이러한 결정은 배우에 대한 그의 생각을 더욱 부채질했다. 그래서 한번은 배우란 모두 그의 주인인 감독에게 항상 끌려다녀야 하는 짐승에 불과하다[154]는 혹심한 표현을 하기도 했다.

원만한 사생활의 장으로서의 가족이란 개념은 점점 빛을 잃어갔다. 더욱이 그의 중요한 동료이자 아이디어 제공자인 부인과의 사이에는 이미 알려진 대로 오래전부터 플라토닉한 관계만 존재할 뿐이었다.

"결혼한 대부분의 부부는 한 5년이나 6년쯤 같이 살다 보면 더 이상 '그 옛날 기분'을 느끼지 못하죠. 서로의 관계에 있어서 음식이 섹스의 위치를 차지하게 마련입니다."[155]

어렸을 때부터 비만에 시달려왔던 히치콕이고 보면 1943년 초 몸무게가 300파운드나 나갔다는 사실은 그리 놀랄 일도 아니다. 그는 그해에 획기적인 다이어트를 단행했다. 그 덕분에 200파운드 이

하로 몸무게를 줄일 수 있었지만,[156] 술을 많이 마시는 버릇은 버릴 수 없었다.

중년의 삶이 가져다주는 위기를 느끼면서 히치콕은 마침내 직업적으로 독립하기로 결심했다. 그는 영국에 여러 개의 영화관을 갖고 있는 시드니 번스타인Sidney Bernstein과 함께 영화제작사 트랜스아틀랜틱 픽처스Transatlantic Pictures를 이름에 걸맞게 영국과 뉴욕, 두 군데에 세웠다.

그는 첫 독립 제작물 「올가미Rope」를 통해 자유로운 제작 공간 안에서 그가 얼마나 멋진 성과를 내놓을 수 있는지를 영화계와 관객들에게 증명해 보이고 싶었다. 그것은 정말 대담한 모험이었다. 「올가미」는 34편의 흑백영화 뒤에 나온 히치콕의 첫 컬러 영화였던 것이다. 하지만 더 장관인 것은 이 작품의 전체 계획이었다. 형식적인 면에서나 내용적인 면에서 축소, 응축, 집중의 원리가 영화 전체를 지배했다. 그것은 하나의 실험영화라고 할 수 있다.

「구명보트」 이후로 그는 전통적이고 고전적인 모범을 따라 장소의 통일성을 엄격히 고수하는 작품을 만들고 싶어 했다. 또 그는 편집한 흔적이 전혀 없이 전체가 하나의 컷으로 느껴지도록 이 영화를 찍었다. 카메라의 필름 감개가 10분 이상의 촬영시간을 허락하지 않기 때문에, 영화가 처음부터 끝까지 한 번의 중단도 없이 진행됐다는 착각을 불러일으키기 위해서 그는 시각적으로 다양한 속임수를 고안해내야 했다.

"카메라 문제뿐만 아니라 그 외에도 여러 가지 어려움이 있었습니다……. 다른 기술적인 문제로는 예컨대 필름 한 통이 끝나서 새것을 집어넣을 때 반드시 촬영을 중단해야 한다는 점이 있었지요. 그 일이 생길 때마다 배우가 카메라 앞을 지나가서 순간적으로 화면이 까맣게 되는 것처럼 보이도록 문제를 해결했습니다. 말하자면 앞의 필름이 재킷을 확대한 장면으로 끝났다면 그다음 새 통의 필름은 그대로 재킷이 확대된 장면으로 시작되지요."[157]

이 영화는 뉴욕에 있는 한 아파트에서 펼쳐진다. 스튜디오의 세트는 카메라가 아파트의 모든 공간을 통과하면서 찍을 수 있도록 지어졌다. 배우들에게도 상당히 힘든 요구가 뒤따랐다. 보통의 경우 한 컷을 찍는 데는 30초 정도가 걸리는데, 이 영화에서는 10분 동안이나 배우들이 중단 없이 연기를 해야만 했다.

히치콕은 전체 제작의 5분의 1이나 되는 30만 달러라는 어마어마한 액수를 주고 인기 배우 제임스 스튜어트James Stewart를 주인공으로 기용했다. 이것만이 기술적으로나 내용적으로 대담한 이 영화의 유일한 보증 카드였다. 실험적인 성격에 맞게 이 영화는 내용 또한 굉장히 도전적이었기 때문이다.[158] 동성연애자임이 명백한 두 젊은 학생이 한 동료 학생을 죽여서 궤짝에 넣는다. 그리고 그들은 이 궤짝 위에 칵테일 파티를 위한 그릇을 얹어 장식을 한다. 파티에는 죽은 동료의 부모와 전 약혼녀, 그리고 살인 동기가 전혀 없는 살인은 완전범죄가 될 수 있다는 철학을 펴서 이 두 학생들로 하여금 이 미

■ 「올가미」의 촬영 장면, 1948년

친 계획을 시도하도록 한 교수가 초대된다. 제임스 스튜어트(교수 역)
와 이 두 범인 사이에는 많은 암시가 담긴 소름끼칠 정도로 적나라한
지적인 토론이 진행되고, 이 토론 끝에 범죄사실이 드러나게 된다.

　　이것은 아카데믹한 문제의식을 다루는 대화 위주의 작품이었다.
히치콕이 이러한 실내극풍의 작품을 만들리라고는 아무도 기대하지 않았다. 후에 비록 그가 형식상의 혁명을 추구하는 골치 아픈 이런 유의 작품과는 거리를 취했지만, 이 작업을 하는 동안 정말 한번 속 시원하게 실험해보고 새로운 기술을 충분히 시도해보았다는 데 대해 그는 상당히 만족해했다.

그는 또한 여기서 스타일 면에서도 새로운 시도를 단행했다. 히치콕은 처음으로 살인 장면을 잔인하게 묘사했고 더욱이 그것을 영화의 시작 부분에 넣었다. 범죄의 잔혹성은 연기자들이 보여주는 세련되고 지적인 혹은 정중하기까지 한 그들의 대화와 기가 막힌 대조를 이루고 있다.

연극과도 다름없는 아주 잘 찍은 이 영화를 통해 히치콕은 하나의 역설을 보여주는 데 성공했다. 영화화하기에는 연극적인 요소가 너무 강한 작품을 영화 기술로 표현할 수 있다는 사실을 보여준 것이다. 그의 이러한 야심만만한 기획에 대해 관객들과 비평가들은 망설임으로부터 격렬한 비난에 이르는 다양한 반응을 보였다. 유럽의 몇몇 영화관들은 화가 난 관중들을 달래기 위해 영화 보급사에 연락해서 다른 필름으로 대치해달라고 요구하기도 했다.[159] 그래도 「올가미」는 제작비를 건질 수 있었고, 적으나마 수익도 올릴 수 있었다.

트랜스아틀랜틱 픽처스의 두 번째 영화 「염소자리 아래서Under Capricorn」는 앞의 영화와는 달랐다. 전형적인 히치콕 영화라고 할 수 없는 이 영화도 관객들의 기대를 저버린 점에서는 「올가미」와 같다고 할 수 있다. 게다가 그것은 히치콕이 가장 싫어했던 "유머가 전혀 섞이지 않은"[160] 멜로드라마풍의 레뷔 영화였다. 「염소자리 아래서」는 두 남자에게서 동시에 사랑을 받는 한 여인의 사랑 이야기를 그린 것으로 19세기 오스트레일리아를 배경으로 펼쳐진다. 순전히 잉그리드 버그만에 대한 사랑 때문에 히치콕이 이 영화를 만들기로 했다는 뒷이야기가 있다.

"나는 잉그리드 버그만을 위한 스토리를 찾아다녔습니다. 그리고 내 나름대로 그것을 찾았다고 생각했죠. 정말 생각이 많았습니다. 그녀만 아니었다면 결코 레뷔 영화를 만들기로 결정하지도 않았을 것입니다. 그리고 그 후로 다시는 그런 종류의 영화를 만들지 않았죠."[161]

잉그리드 버그만에 대한 개인적인 열정 때문에 히치콕의 장삿속이 완전히 사라진 것은 아니었다.

"당시 잉그리드는 미국 최고의 스타였습니다……. 미국의 모든 제작자들이 그녀를 얻으려고 혈안이었죠. 나도 당시에는 잉그리드 버그만을 얻기만 하면 그것으로 모든 게 다 되는 거라고 생각했습니다. 지금 돌이켜 보면 잘못된 생각이었다고 고백할 수밖에 없습니다……. 이 문제에 관한 나의 모든 행동은 잘못된 것이었습니다. 너무 어린애 같은 발상이었죠. 설사 그녀가 영화에 출연하는 것이 상업적으로 이득을 많이 가져다준다고 하더라도, 일단 그녀를 고용하는 것 자체가 너무 비싸서 영화 제작 자체가 남는 게 없는 장사가 되었기 때문입니다."[162]

"서스펜스와 스릴러의 전문가"[163]는 다시 한 번 그의 관객을 실망시켰다. 왜냐하면 그는 "이 영화에서 아무것도 제대로 보여줄 수 없었기 때문이다".[164]

"「할리우드 리포터Hollywood Reporter」에는 '이 영화에서 우리는 소름이 오싹 끼치는 전율을 느끼기 위해 105분을 기다려야 한다'라는 기사가 났습니다."[165]

다시 말해 영화가 끝나기 10분 전까지 기다려야 했다는 것이다. 자신이 숭배하는 스타로 영화를 어떻게든 치장해보겠다는 히치콕의 허영심은 재정적인 파국을 몰고 왔고, 영화 제작사 트랜스아틀랜틱 픽처스는 문을 닫아야 했다. 히치콕은 그 후, 그때까지 트랜스아틀랜틱 픽처스 사의 영화를 보급하는 일을 담당했던 영화사 워너 브러더스에 의해 고용되었다.

명백한 실패를 경험한 후 히치콕은 다시 자신에게 친숙한 땅에 발을 딛기로 했다. 그는 자기에게 익숙한 옛 소재인 살인사건을 다음 영화의 주제로 골랐다. 이번에는 런던의 극장과 배우들이 그 배경이었다.

「무대 공포증Stage Fright」에서 그는 관객들의 관심을 불러일으키기에 충분한 두 명의 인기 배우를 기용했다. 그중 한 명은 얼마 전에

▪ 「무대 공포증」의 촬영 중 마를레네 디트리히와 앨프레드 히치콕, 1949년

빌리 와일더Billy Wilder의 작품 「외교 문제A Foreign Affair」에서 탁월한 연기력을 발휘했던 마를레네 디트리히Marlene Dietrich였고, 다른 한 명은 전년도 오스카상 수상자인 제인 와이먼Jane Wyman이었다.

　이 영화가 후에 관객들과 비평가들 사이에서 낙제 점수를 받자, 그는 주제의 선택이 완전히 잘못되었다고 한탄했다. "왜 평소에는 별로 높이 평가하지도 않던 '후던이즈' 스타일의 작품"이자 "아가사 크리스티^{Agatha Christie} 식의 전통을 따른"¹⁶⁶ 하찮은 영국 추리소설을 하 필이면 원작으로 골랐냐는 프랑수아 트뤼포의 질문에 그는 이렇게 답했다.

> "그 책은 당시 발간된 지 얼마 되지 않은 상태였습니다. 많은 비평가 들이 '이 소설은 훌륭한 히치콕 영화를 낳을 것이다'라고 썼지요. 그 리고 나는 바보 천치같이 그 말을 액면 그대로 받아들였습니다."¹⁶⁷

하지만 「무대 공포증」이 실패한 것은 원작 자체의 문제 때문이 기도 했지만 그보다는 히치콕이 서스펜스 기법을 사용하지 않음으 로써 테마를 흥미 있게 전달하는 데 실패했기 때문이었다. 이 영화 에서는 관객을 상대로 일종의 '시각적 거짓말'이 전개된다. 영화의 첫 부분에 경찰에 쫓기는 사람이 살인사건을 자신의 입장에서 서술 하는 장면이 나온다. 그리고 이 살인사건이 회상 장면^{flashback}을 통해 서 관객에게 보여지는데, 여기서는 그가 아니라 그의 사랑하는 여 인이 살인을 저질렀음이 명백히 제시된다. 거의 영화 마지막 장면에 가서야 관객들은 진실을 알게 된다. 그가 살인자였음이 다시 사실로 입증되고, 범인이 처음부터 거짓말을 한 것임이 드러난다.

연기자가 자신의 (거짓이 섞여 있을 수 있는) 주관적인 관점에서 사건 을 보여주는 '회상'이라는 예술 수단은 로베르트 비네^{Robert Wiene}가 「칼리가리 박사의 밀실」^{Das Cabinet des Dr. Caligari, 1920}에서 사용한 이래로 영화사의 한 전통이 되었다. 그리고 「무대 공포증」이 만들어진 해인 1950년에 구로사와 아키라는 이 원리에 철저히 기초해 「라쇼몽羅生門」이라는 영화를 만든다.

후에 "거짓말임이 드러난 회상 장면"[168]을 영화의 앞부분에 삽입하는 기법을 사용함으로써 히치콕은 자신의 서스펜스 원리를 완전히 뒤엎어버린 셈이다. 만약 관객들이 서스펜스를 느끼는 이유가 그들이 영화의 주인공들보다 더 많이 안다는 사실에 연유했다면, 회상장면 효과는 관객들이 영화 속의 주인공들처럼 영화 스토리가 전개되는 만큼의 정보만을 갖게 한다. 아니 오히려 관객들이 주인공보다 사실상 아는 것이 더 적은 셈이다. 진실이 밝혀지는 장면이 관객들에게 놀라움을 선사하기는 하지만, 이 놀라움은 무죄라고 가정되는 사람이 잡히게 될 것이냐 아니냐를 둘러싸고 진행되는 영화 중간 부분의 지루함을 보상하기에는 충분하지 않다. 「무대 공포증」은 연출 면에서 볼 때 완전히 잘못된 구성이라고 할 수 있다.

1949년 말, 히치콕은 「무대 공포증」의 촬영을 끝내고 영국에서 다시 할리우드로 돌아왔다. 그때 그는 오랜만에 미래에 대한 아무 계획이 없는 시기를 다시 맞았다. 슬프게도 자신의 독립 제작회사를 설립하겠다는 시도는 실패했고, 그가 영화에서 보여주었던 여러 실험적인 시도 또한 기대한 만큼의 인정을 받지 못했다. 영화 「오명」 이후로 그의 어떤 작품도 관객을 동원하지 못했던 것이다.

그럼에도 당시 히치콕은 재정적으로 그 어느 때보다 더 안정되어 있었다. 그는 주식과 부동산 투자로 어느새 부자가 되었다. 상당한 광고효과를 내는 라디오 쇼, 혹은 대학이나 그 외의 공개강좌 등에 출연함으로써 그는 당시의 어떤 다른 감독들보다 더 유명하게 되었다. 그리고 그것은 출연료 재계약시 그에게 유리하게 작용했다.

그러나 그는 정서적으로는 상당히 좋지 않은 상태에 있었다. 그의 몸무게가 이를 잘 나타내주는데, 당시 그의 몸무게는 또다시 새로운 기록에 도달했다. 그의 과도한 술버릇과 식성은 그 사이에 이미 하나의 전설적인 이야기가 되었다.

1950년 초에 그는 한 젊은 미국 여류작가의 처녀작에 관심을 갖게 되었다. 좋은 시나리오가 될 것으로 여긴 것이다. 그는 패트리샤 하이스미스Patricia Highsmith로부터 그녀의 소설『열차 안의 낯선 자들Strangers on a Train』의 저작권을 아주 적은 액수를 주고 사들였다. 그리고 이 소설로부터 일류급의 시나리오를 만들어낼 시나리오 작가를 찾아다녔다. 자신의 다음 프로젝트를 실패로 끝나게 하고 싶지는 않았던 것이다.

그래서 그는 무모한 실험을 하기보다는 "런 포 커버run for cover의 철학"[169]으로 밀고 나가기로 했다. 다시 말해 그는 성공이 보장된 믿을 만한 표본을 따르기로 한 것이다. 그는 정신병자인 한 살인자의 심리묘사를 펼치는 이 소설이야말로 자신의 '런 포 커버' 전략에 잘 맞는 것으로 여겼다.

히치콕은 대실 해밋Dashiell Hammett을 시나리오 작가로 고용하는 데 실패했다. 대신에 해밋과 마찬가지로 현실성 있는 스릴러를 구사하는 전문가이자 경험 많은 레이먼드 챈들러Raymond Chandler의 승낙을 얻

■ 레이먼드 챈들러

어냈다. 그러나 이들의 공동 작업은 그렇게 유쾌한 것만은 아니었다.

챈들러는 원작에 논리적으로 모순이 많다고 느꼈고 전체적으로 너무 황당한 부분이 많아서 이것을 기초로 제대로 된 시나리오를 만들어내는 데 상당한 어려움이 있다고 판단했다. 챈들러는 한 편지에서 이렇게 썼다. "히치콕은 세트 효과나 전체적인 분위기, 배경 등을 설정하는 데는 뛰어난 감각을 갖고 있다. 하지만 사건의 기본적인 내용을 다루는 감각은 별로 없다. 그가 만든 영화 중 상당수가 논리적 구성을 벗어났던 이유도 바로 거기에 있는 것 같다……."[170] 챈들러는 이 작업을 "어리석은 짓이며 하나의 고통"[171]으로 여겼음에도 성실하게 노력했다.

하지만 히치콕은 그 결과에 결코 만족하지 못했다.

"나는 그의 옆에 앉아서 새로운 아이디어를 생각해냈죠. 그러고는 '왜 이렇게 하지 않아요?'라고 말했습니다. 그는 대답하기를 '흠, 낭신 스스로 그렇게 해답을 갖고 있다면 뭣 때문에 제가 필요합니까?' "[172]

자신들의 영역에서는 대가라고 일컬어지는 서스펜스의 두 전문 가가 공통의 노선을 찾는다는 것은 쉬운 일이 아니었다. "그가 했던 작업은 좋지 않았습니다……"[173]라고 히치콕은 말했다.

「열차 안의 낯선 자들」은 많은 부분에서 「의혹의 그림자」를 연 상시킨다. 하이스미스의 소설로부터 각색된 시나리오는 평행성과 이중성[174]의 모델을 철저히 따른 것이었다. 그리하여 「의혹의 그림 자」에서 이미 선보인 바 있는 이중구조 기법을 다시 사용했고, 이러 한 이중구조는 편집 작업에까지도 적용되었다. 대칭적인 장면들을 한 화면에 편집하는 기법인 평행 몽타주 기법이 자주 나타나는 것 이다. 또 이중구조는 감독이 엑스트라로 잠깐 출연하는 부분에서도 잘 보여진다. 즉 히치콕이 콘트라베이스를 팔에 안고 기차에서 내 리는 장면에서 인간과 악기의 형태가 서로 너무도 비슷하다는 것이 확 눈에 띈다.

영화의 줄거리는 하나의 갈등 상황에 기초한다. 어떤 범죄행위 에 대해서 알고 있는 주인공 두 사람은 그것 때문에 서로에게 얽매 이게 된다. 이것은 히치콕이 영국에서 만든 영화에서부터 「올가미」 에 이르기까지 그가 항상 다루던 모티프이다. 이 모티프는 낭만주의 이래로 잘 알려진, 두 개의 육체 속으로 분열된 하나의 인격이라는 주제를 약간 변형시킨 것이라고 할 수 있는데, 고전적인 형태로는 로버트 L. 스티븐슨의 『지킬 박사와 하이드 씨Dr. Jekill and Mr. Hyde』를 들 수 있다.

■ 「열차 안의 낯선 자들」에서 카메오로 출연한 히치콕이 콘트라베이스를 팔에 안고 기차에서 내리는 장면

썩 좋지 않은 대사가 몇 군데 눈에 띄고, 배우 선정에 있어서 남자 주인공 중 한 명에 팔리 그랜저Farley Granger를 기용한 것이 약간 무리였음에도 불구하고 히치콕은 숨 막히는 분위기와 긴장을 조성하는 영화를 만드는 데 성공했다. 히치콕은 이로써 오랜만에 다시 격찬을 받았다.

「열차 안의 낯선 자들」에서 다룬 문제 중 하나는 '죄의 전이'라는 현상이다. 이것은 어떤 사건에 대한 공통의 앎 때문에 죄가 전이되어 그 사람도 결국 유죄가 되는 종교적이고 도덕적인 문제를 말한다. 가톨릭식으로 교육받고 자란 히치콕은 이 문제에 항상 관심이 있었다.

히치콕이 프랑스의 감독 앙리 베르뇌유Henri Verneuil로부터 자극을 받아 지금까지 그가 다루지 않았던 주제를 취해 「나는 고백한다 I Confess」라는 영화를 만들게 된 것은 그의 이러한 종교적인 성장 배경 때문이었다. 이 영화는 협박자를 죽인 혐의로 잡힌 퀘벡의 한 가톨릭교 신부를 다룬 것이다. 이 신부는 진짜 살인범을 알고 있지만, 고해성사법에 묶여 있기 때문에 사실을 누설할 수 없었고 그러고 싶지도 않았다. 「열차 안의 낯선 자들」에서와 마찬가지로 두 주인공, 즉 살인자와 무고한 사람은 서로 강하게 결속되어 있다. 다시 말해 이 두 사람은 동일한 한 인간에 내재해 있는 대립되는 두 측면을 대표한다.

그리고 또 여기에 첨가되는 갈등 구조로서, 법과 사회에 대한 책임과 신과 교회에 대해 신부로서 갖는 책임의 충돌이 등장한다. 신의와 충성심을 다루는 이런 문제들은 최소한 가톨릭 신자가 아닌 관객들에게는 이해하기 힘든 것일 수 있다.

> "「나는 고백한다」를 보면서 우리 가톨릭 신자들은 신부가 고해성사의 비밀을 지키는 것은 당연하다고 생각할 수도 있습니다. 하지만 신교나 다른 종교를 가진 사람들 혹은 불가지론자들은 '침묵한다는 것은 말도 안 되는 어리석은 일이다. 그것 때문에 다른 사람을 위해 자신을 희생하는 일은 있을 수 없다'라고 생각합니다."[175]

이 영화는 위와 같은 이유와, 다른 한편으로 이해하기 힘들고 전체적으로 암담해 보이는 느낌 때문에 관객들을 감동시키지 못했다고 히치콕은 생각했다.

1953년 초 「나는 고백한다」가 영화관에서 상영되었을 때 비평가들은 좋은 소리는 하나도 하지 않았다. 히치콕은 이로써 자신의 다음과 같은 추측이 입증되었다고 생각했다. 즉 개인적으로 자기의 마음에 꼭 드는 훌륭한 야심작들이 명백히 실패를 경험하는 경우가 자주 있고, 그에 반해 가볍게 영화화된 기회주의적인 작품들이 관객들로부터 커다란 호응을 얻는 경우가 적지 않다는 것이다.

이 추측은 다음 경우에도 들어맞았다. 1953년 초여름에 「다이얼 M을 돌려라^{Dial M for Murder}」의 촬영이 시작되었다. 히치콕에게 이 영화는 "다시금 '런 포 커버'에 불과했다".[176]

"브로드웨이에서 굉장히 성공한 희곡을 시나리오로 각색한 것인데…… 나는 그때 대번에 이렇게 말했지요. '이것을 해봐야겠다!' 완전히 안전한 길을 택한 것이죠."[177]

유능한 감독으로서의 이미지를 다시 증명하기 위해 히치콕은 이 영화의 촬영을 기술적인 손가락 연습 정도로 간단히 해치웠다. 「다이얼 M을 돌려라」 같은 영화는 집에 가만히 앉아서 전화만으로도 감독할 수 있다고 그가 말하고 다녔다는 얘기도 있다. 하지만 스튜디오에서의 일들이 그처럼 간단하게 진행된 것은 아니었다.

워너 브러더스를 포함하여 할리우드의 큰 스튜디오들은 점점 심각한 경쟁자로 등장하는 텔레비전에 대한 대응책으로 3차원 광학을 사용한 영화를 찍기도 결정했는데, 이 영화는 히치콕이 입체영화로 만든 처음이자 마지막 영화였다. 여기에 필요한 육중한 기술 장비들은 촬영을 매우 어렵게 했을 뿐만 아니라 여러 구상 가능성을 제

■ 「다이얼 M을 돌려라」에서 그레이스 켈리, 1953년

한시켰고, 장면 연출에 상당한 지장을 초래하는 등 모든 것을 필요 이상으로 복잡하게 했다. 「다이얼 M을 돌려라」가 처음으로 상영된 1954년에 입체영화의 유행은 이미 한물가버렸다.

　히치콕이 「다이얼 M을 돌려라」에 관심이 없었다고 하지만 그럼에도 이 영화는 그에게 세 가지 측면에서 중요했다. 우선 이 영화는 엄청난 수의 관객을 동원하는 데 성공했다. 덕분에 다음 프로젝트로 그가 가장 마음에 들어 하는 영화를 만드는 데 전혀 지장이 없었다. 둘째로는 그의 다음 영화들의 주인공으로서 이상적인 여배우라고 할 수 있는 그레이스 켈리Grace Kelly를 발견한 것이다. 「다이얼 M을 돌려라」는 이제 겨우 그녀의 세 번째 영화였다. 그럼에도 그녀와의 공동 작업은 아무 문제없이 잘 진행되었을 뿐만 아니라, 더욱 반가웠던 것은 그녀가 - 예전의 잉그리드 버그만처럼 - 그가 항상 추구하던 차가운 금발 머리의 미녀로서 그의 감각에 꼭 맞았다는 사실이다. 끝으로, 히치콕은 「다이얼 M을 돌려라」에서 지난 몇 해 동안 개인적인 이유에서 더욱더 끊임없이 부딪혔던 주제인 금가기 쉬운 남녀관계를 표현했다는 것이다.

관객들은 「다이얼 M을 돌려라」에서 겉으로는 완벽하게 보이나 사실상 이중적인 모습을 하고 있는 한 부부를 보게 된다. 부인은 정부를 둠으로써 남편을 배신하고, 남편은 질투 때문이었다면 그래도 조금은 이해가 갈 만한데, 그것이 아니라 사실은 부인이 죽으면 상속받게 될 재산이 탐나 그녀를 죽일 살인자를 고용한다. 살인 기도가 실패하고 오히려 그레이스 켈리가 고용된 살인자를 정당방위로 죽이게 되자, 겉으로는 인품 있는 척 행동하는 그녀의 남편은 이번에는 마치 그것이 그녀가 계획적으로 저지른 살인인 것처럼 꾸며서 법정에서 사형선고를 받도록 사건을 조작하려 한다. 다른 한편으로 그의 연적인 그녀의 정부는 그녀의 살인혐의를 벗기기 위해 필사적으로 노력한다. 하지만 그녀를 사형대에서 구출해내는 것은 이 정부가 아니라 공교롭게도 한 경찰관이다. 다른 어떤 히치콕의 영화에서도 전혀 볼 수 없는, 매우 현명하면서도 정감이 느껴지는 꼼꼼한 성격의 한 수사관이 결국은 이 부인의 무죄를 입증해낸다. 이 스코틀랜드 경찰의 업적으로 정부의 무능력은 더욱 뚜렷이 드러난다. 아무리 노력했어도 그는 결국 사랑하는 여인을 곤경으로부터 구해낼 수 없었다.

　남녀관계에 관한 이 영화는 해피 엔딩으로 끝났지만, 한편으로는 부부가 같이 산다는 것은 거짓과 착각과 왜곡에 불과하다는 것을, 다른 한편으로는 연인의 관계는 집행유예 기간조차 넘기지 못하는 것에 불과하다는 우울한 메시지를 전해준다. 정부는 사랑하는 여인이 자신을 가장 필요로 하는 바로 그 순간에 그녀를 도와줄 수 없었던 것이다. 이러한 비관적인 메시지는 히치콕의 후기 작품들에서 더 명확히 나타난다.

10. 계속 이어지는 대작들

「다이얼 M을 돌려라」의 촬영이 진행되는 동안 한편으로 히치콕의 에이전트인 루 와서먼Lew Wasserman은 다음 영화 계획을 주선해놓았다. MCA라는 국제적으로 크게 활동하는 연예인 중개소(베티 데이비스 Bette Davis, 제임스 스튜어트, 프랭크 시나트라 등의 에이전트)의 사장인 와서먼은 1953년 여름, 9편의 영화 제작을 놓고 히치콕에게 아주 유리한 조건으로 파라마운트 스튜디오와 협상했다. 처음 평가가 끝나면 9편의 영화 중 5편의 소유권과 상영권을 감독이 갖는다는 것이었다. 히치콕으로서는 최고의 조건이었다.

1953년 11월에 작업이 시작된 「이창Rear Window」과 1963년에 완성된 「마니Marnie」는 히치콕의 가장 중요한 영화들이 만들어진 유례없는 창조 기간의 처음과 마지막 영화라고 할 수 있다. 실험적인 영화를 시도해보는 시기는 이미 끝이 났다. 그는 이 기간에 모든 경험을 다 해보았다. 어느 대목에서 관객들과 비평가들이 감탄하는지,

그들이 무엇에 화를 내고 또는 싫어하는 반응을 보이는지 그는 이 실험 기간을 통해 다 파악했다. 그의 "건전지는 완벽히 충전되어 있었다".[178] 그리고 그는 관객들이 뭘 원하는지 확실히 알고 있었다.

> "내가 만들 수 있는 유일한 종류가 있습니다. 세계 어느 곳에서든지 그 영화를 보는 모든 사람들의 감정을 뒤흔들어놓는 하나의 영화가 있습니다. 살인사건, 스릴러 말입니다…… 관객들이 내게 기대하는 것은 이 독특한 유형의 이야기입니다. 그리고 나는 그들을 실망시키고 싶지 않습니다."[179]

이 10년 동안 히치콕은 코미디풍의 느낌을 배경으로 깔고 있는 스릴러 형식의 멜로드라마 「도둑 잡기To Catch a Thief」로부터 반半기록 영화 식의 흑백영화 「누명 쓴 사나이The Wrong Man」에 이르기까지 자신의 능력이 닿을 수 있는 모든 레퍼토리를 보여준다. 그 외에도 동시에 그는 「북북서로 진로를 돌려라North by Northwest」와 「사이코Psycho」를 통해 그 시대 공포영화의 원형을 창조해냈다. 또 그는 「이창」, 「현기증Vertigo」, 「새The Birds」와 같은 수준 높은 작품을 만들었다. 이 영화들은 완벽한 예술성에 힘입어 곧바로 영화의 '고전'이 되었다.

이러한 성공은 히치콕이 10년 동안 긁어모았던 카메라의 앞뒤에서 끊임없이 활약했던 스태프진의 공헌이 없었다면 불가능했을 공동 작업의 산물이었다. 그중 몇몇 사람의 이름만 열거하자면 제임스 스튜어트, 그레이스 켈리, 캐리 그랜트, 셜리 매클레인Shirley

■ 「이창」에서 그레이스 켈리와 제임스 스튜어트, 1954년

McLaine, 엔소니 퍼킨스Anthony Perkins, 티피 헤드런Tippi Hedren 등의 뛰어난 배우들과 존 마이클 헤이스John Michael Hayes, 어니스트 레먼Ernest Lehman, 앵거스 맥페일과 같은 시나리오 작가, 의상 담당자 이디스 헤드Edith Head, 카메라맨 로버트 버크스Robert Burks, 작곡가 프랜즈 왁스먼과 버나드 허먼Bernard Herrman 등을 들 수 있다. 이들이 모두 중요한 역할을 한 사람들이었다.

1953년에서 1963년에 이르는 10년은 히치콕이 항상 새롭게 다루고 연출 기법상으로 계속 발전시키고 완성시켰던 주제에 있어서도 중요한 시기였다. 이 부분에서 히치콕은 전혀 타협의 여지를 남기지 않았다. 그래서 그중 몇몇 영화들은 개인 고백서와 같은 느낌을 준다. 한 비평가는 「이창」과 「현기증」은 감독의 "발가벗은 자기 모습"을 보여주는 "극치"라고 평했다.[180]

「이창」은 동일한 제목으로 발표된 코넬 울리치Cornell Woolrich의 단편 소설을 영화화한 것으로 히치콕의 매우 중요한 작품 중 하나로 꼽힌다. 비록 이야기 전개가 최소한으로 축소되었지만 이 영화는 "모든 종류의 인간행동을 묘사한 행동 목록서"[181]와 같은 다양함을 각 장면에 담았다. "하나의 작은 세계를 비춰주는…… 이 거울"[182] 속에서 관객들은 자기 스스로와 만난다. 왜냐하면 이 영화의 기본 주제가 관객의 기본 요소라 할 수 있는 '보는 것'과 '관찰하는 것'이기 때문이다.

영화의 전통적인 규칙이라고 할 수 있는 장소, 시간, 행동의 통일을 엄격하게 지킨 「이창」은 다리가 부러져서 휠체어에 의지해야만 하는 한 사진작가를 그린 것이다. 지루하기도 하고 궁금하기도 해서 그는 자기 아파트의 뒷 정원 건너편에 있는 이웃집을 엿보기 시작한다.

"그것은 나에게 하나인 완벽하고 정말 영화다운 영화를 만들 가능성을 제시해주었습니다. 거기에는 밖을 관찰하는 움직일 수 없는 한 남자가 등장합니다. 이것이 영화의 첫 부분이죠. 다음 부분에서는 그 사람이 보는 대상이 등장하게 되고, 세 번째 부분에서는 그의 반응이 다루어집니다. 이것은 우리가 익히 알고 있는 것처럼 영화만이 할 수 있는 순수한 표현 형태입니다."[183]

사진작가 제프리 역을 맡은 제임스 스튜어트는 맞은편의 아파트에 사는 한 이웃남자가 그의 부인을 살인했다고 의심하게 된다. 그는 여자친구 리사(그레이스 켈리)의 도움으로 마침내 이 사람의 죄를 밝혀 경찰에 넘기는 데 성공한다. 그 자체로는 간명하다고 할 수 있는 이 줄거리는 남녀관계를 예술적으로 잘 표현할 수 있는 훌륭한 틀을 제공한다.

촬영에 있어서 그 어떤 우연적인 사건도 허락하고 싶지 않던 히치콕은 스튜디오에, 뒤편에 있는 정원을 둘러싼 아파트 전체를 세트로 짓게 했다. 제프리의 창문에서 내다보이는 아파트는 모두 31개였는데, 그중 12개는 내부까지 완벽하게 꾸몄다. 이 아파트들을 통해 사진작가는 남녀가 함께 살아갈 때 발생할 수 있는 다양한 모습들을 목격한다. 여기에는 예컨대, 사랑을 추구하지만 자신이 동경하는 남자의 지나친 정열을 참을 수 없어 자살을 시도하는 노처녀가 나온다. 또 여기에는 수많은 남성들에게 둘러싸인 댄서도 있다. 그녀는 비록 남자를 유혹하기는 하지만, 사실상 그들의 경제능력에만 관심이 있을 뿐이다. 또 신혼부부도 등장하는데, 그들은 처음에는 부부간의 성적인 쾌락에 완전히 빠져버렸지만 시간이 지나면서 남편은 부인의 정열이 너무 지나치다고 느낀다. 그리고 끝으로 바로 맞은편에는 한 중개상인이 살고 있다. 항상 그를 못살게 구는 부인과 그의 관계도 민민치는 않아 보인다. 그는 애인과 전화 한 통도 조용히 즐길 수 없다. 마침내 그는 자기 부인을 죽임으로써 문제를 해결한다.

여기서 우리는 이 남자가 갖고 있는 문제가 아이러니컬하게도 이 사건을 추적하는 제프리가 갖고 있는 문제와 꼭 같음을 볼 수 있었다. 그 중개상인은 부인이 너무 자기에게 매달려 있고 항상 방해를 하기 때문에 자신의 삶을 자기가 원하는 대로 이끌어 나가지 못한다. 제프리 역시 그의 여자친구 리사가 결혼하자고 항상 조르기 때문에 골치가 아팠다. 그는, 그녀가 자신의 불안정하고 위험천만한 직업 생활을 결코 이해하지 못할 것이라고 주장하면서 그녀와의 결혼을 피해온 터이다.

히치콕의 옛 영화들의 주인공과 흡사하게 「이창」의 주인공도 여러 가지 점에서 긍정적인 면과 부정적인 면을 동시에 지니고 있다. 살인자인 중개상인은, 여자친구로부터 벗어나고 싶어 하는 사진작가의 또 다른 자아이다. 둘 다 직업상의 이유로 여행을 많이 하며 본의 아니게 금욕적으로 살고 있다. 이 둘의 차이는 한 사람은 다리를 다쳐 깁스를 했고, 다른 한 사람은 그의 정부를 만날 기회를 제대로 얻지 못한다는 데 있을 뿐이다. 영화에서 두 사람은 남근을 상징하는 물체와 연결된다. 제프리는 사람들을 훔쳐보기 위해 엄청나게 큰 망원 렌즈를 사용하고, 중개상인은 고기 자르는 엄청나게 큰 칼로 부인을 죽인다. 그리고 상대역으로 나오는 두 여자도 똑같이 금발에

■ 「도둑 잡기」 속의 부부 그레이스
켈리와 캐리 그랜트, 1955년

다 비슷한 몸매를 가졌고, 둘 다 그들의 남성 파트너를 가만히 놔두
지 않는 성격의 소유자였다.

독특한 점은, 사건의 클라이맥스를 이루고 이와 동시에 두 남자
를 덫에 걸리게 하는 것으로 결혼반지가 등장한다는 사실이다. 그런
용감한 일을 할 수 있으리라고 보이지 않았던 리사가 그 중개상인
의 집으로 몰래 들어가서 그 집을 뒤지다가 실종된 여인의 결혼반
지(그 여자가 살해되었다는 명백한 증거)를 발견한다. 의기양양한 몸짓으로
리사는 결혼반지를 손에 넣는다. 이것으로 그녀는 살인자를 경찰에
넘길 수 있었고, 또 한편으로는 남자친구에게 자신이 위험스런 모험

■ 실제의 환상적인 부부. 그레이스 켈리와 모나코의 군주 레니에 공

들을 얼마나 잘 감수할 수 있는가를 증명했다. 따라서 남자친구의 우려는 이제 터무니없는 것으로 증명되었고, 결혼을 가로막는 모든 장애물은 이로써 사라진 셈이다.

「이창」은 처음 장면으로 되돌아오면서 끝난다. 주인공은 예전과 마찬가지로 휠체어에 앉아 있는데, 다만 범인이 그를 창문에서 밀어 뜨릴 때 나머지 한 다리도 다쳤기 때문에 지금은 한 다리가 아니라 양다리에 깁스를 하고 있는 점이 다를 뿐이다. 원을 그리는 듯한 돌고 도는 내용 구성은 「이창」에 코미디 같은 성격을 부여하며 동시에 화해의 분위기로 끝난다는 것을 암시한다. 리사는 연인과 결혼하고,

다른 집들에서 일어났던 비극과 여러 형태의 드라마들도 마찬가지로 행복한 결말을 맺는다.

다음 작품인 「도둑 잡기」는 한 매력적인 금발의 여인(다시 그레이스 켈리가 이 역을 맡았다)이 어떻게 남자를 낚아채는가를 다룬 영화이다. 1954년 히치콕은 그의 스태프와 함께 촬영을 위해 프랑스 리비에라Riviera로 여행을 간다. 그때 그는 이 지역을 촬영장소로 택한 자신의 결정이 여주인공을 잃게 되는 데 간접적으로 공헌하게 될 줄을 꿈에도 생각하지 못했다. 코트다쥐르Côte d'Azur에서 촬영하는 도중 그레이스 켈리는 모나코의 군주인 레니에 공과 사귀었던 것이다. 곧 그녀는 배우라는 직업을 포기하고 대신 '그레이스 공비Princess Grace'로 불리며 세계인의 주목을 받았다.

그녀가 히치콕과 함께 찍은 마지막 영화에서 맡은 역할은 에로틱한 성향과 범죄 성향이 거의 병적인 형태로 섞여 있는 한 여인을 그려내는 것이었다. 이 모티프는 히치콕이 후에 「마니」에서 다시 다루게 된다.

> "슬픈 요소가 깃들어 있는 코미디인 「도둑 잡기」를 나는 완벽한 해피엔딩으로 만들 수가 없었습니다……. 캐리 그랜트(남자 주인공 역)는 그레이스 켈리와 결혼하게 됩니다. 하지만 시어머니가 그들과 함께 살아가게 되죠. 그래서 결국은 비극적인 결론이 된 셈입니다."[184]

「도둑 잡기」가 그래도 전체적으로 볼 때 비교적 밝은 편이라면 다음 영화인 「해리의 소동The Trouble with Harry」은 블랙 코미디라고 할 수 있다. 그래서 히치콕은 이 영화를 자기가 매우 좋아하는 영화 중 하나라고 했던 것 같다.

> "「해리의 소동」은…… 잭 트레버 스토리Jack Trevor Story:1917~1991의 소설을 거의 원작에 가깝게 영화화한 것입니다. 그리고 내 감각으로 볼 때 그것은 유머가 넘치는 작품입니다."[185]

어느 날 해리라는 이름을 가진 남자의 시체가 숲속에서 발견되고, 이것을 둘러싸고 한 편의 코미디가 벌어진다. 이 영화에 코미디 같은 성격을 부여하는 요소는, 해리의 죽음에 책임이 있다고 스스로 생각하는 네 명의 사람들이 시체를 마치 세상에 굴러다니는 물건처럼 네 번이나 파묻고 다시 꺼내고 하는 장면이다.

> "예를 들어 에드먼드 그웬Edmund Gwenn이 처음으로 시체를 뒤로 질질 끌어당기고 있을 때 그는 한 노처녀를 만납니다. 그녀는 '선장님, 뭐 번거로운 일이라도 있으세요?'라고 묻죠. 가장 우스꽝스러운 대사 중의 하나입니다. 내게는 바로 이 대사 속에 이야기의 핵심이 들어 있는 것처럼 느껴집니다."[186]

죽은 해리를 둘러싸고 벌어지는 살인자라고 추정되는 네 사람의 시끄러운 사중창이 보여주는 무관심한 태도는, "저변에 깔린 유머"[187]

와 동시에 무언가 심상찮은 불안감을 함께 느끼게 한다. 그 이유는 영화의 모든 등장인물이 호감을 주지만 우리는 그들의 차가움을 동시에 경험하기 때문이다.

죽음을 대하는 그들의 정서적 결함이 우리에게 전혀 낯설게 다가온다. 진지한 주제를 음산한 농담으로 주고받는 이 블랙 코미디 뒤에는 삶의 핵심적인 문제에 대한 신랄한 비판, 죽음이라는 중요한 문제와 정면으로 맞닥뜨리지 못하는 무능력에 대한 간접적인 고백, 그리고 어둡고 부정적인 인간관이 깔려 있다. 그럼에도 이「해리의 소동」은 완벽한 코미디 구조로 이루어졌고, 연출상으로도 빈틈을 보이지 않는다.

하지만「해리의 소동」은 수입을 올리는 데 실패했다. 그래서 히치콕은 다음 프로젝트로, 그가 22년 전에 성공적으로 영화화한 작품인「너무 많이 아는 사람」을 다시 영화화한다. 여기서 히치콕은 내용만 약간 고치고 그 외에는 1943년에 찍은 영화의 기본 틀을 그대로 유지했다. 그가 생각하기에 이 두 판의 차이는, "첫 번째 판은 재능 있는 아마추어가 만든 버전"이라면, "두 번째 판은 전문가가 만든 버전"[188]이라는 사실뿐이었다.

기술적인 문제에 관한 한 이것은 맞는 말이다. 하지만 이 새로운 판은 사람들에게 긴장을 느끼게 하는 데 있어서는 그전 것보다 못하다고 할 수 있다. 대신 이 판은 다른 형식으로 그 질을 보장한다. 즉 이것은 영화인에서부터 단지 오락을 위해 영화관을 찾는 사람들에 이르기까지 누구나 다 즐길 수 있는 영화라는 점이다. 무엇보다

도 "전 가족을 위한 영화"가 되었다. 히치콕은 일부러 도덕적으로
결함 없는 미국 보통 시민의 상징이라고 할 수 있는 제임스 스튜어
트와 도리스 데이Doris Day를 기용했다. 그들은 아주 평범한 한 쌍의 부
부를 대표한다. 어느 날 그들의 자녀가 유괴되었는데, 이 때문에 이
부부는 상당히 힘든 시험 기간을 거쳐야 했다. 마침내 위기를 잘 넘
겼음에도 불구하고 이런 일을 거친 후에 다시 찾은 이 가족의 평화
로운 세계는 모순과 단절들로 뿌옇게 흐려진 세계일 뿐이다. 그리고

다시 찾은 목가적인 가정생활은 사실상 그것이 성공했기 때문에 성공이지, 똑같은 이유에서 실패로 끝날 수도 있었다.

이「너무 많이 아는 사람」의 부부에게는 행복한 결론이 주어졌지만, 이와는 달리 그의 다음 영화인「누명 쓴 사나이」에서 히치콕은 그런 위기 상황이 완전히 다른 결말로 끝날 수도 있음을 보여준다.「누명 쓴 사나이」는 기록영화 같은 성격으로 인해서 히치콕의 다른 영화들과 완벽한 대조를 이룬다. 실제로 일어났던 사건을 기초로 해서 영화를 만든 경우로는 이것이 유일하다. 이 영화는 몇 년 전에 뉴욕에서 발생한 잘못된 판결을 다룬 것이었다.

이 영화에서 또한 특별하다고 할 수 있는 것은 히치콕의 출연이다. 의무적으로 카메오로 잠깐 등장했다 사라지는 보통의 경우와 달리, 그는 영화 도입 부분에 나와 이 사건이 논픽션의 성격을 띤다는 것을 전해준다. 이런 시도를 하게 된 이유는, 히치콕이 매니 발레스트레로라는 한 인간의 괴로운 여정에서 자신이 가진 격세유전으로 반복되는 공포가 현실로 나타났음을 보았기 때문이다. 무죄한 한 음악가 발레스트레로는 사람들이 찾고 있던 강도와 멀리서 볼 때 비슷하게 생겼다는 이유로 경찰에 체포되고 그 이후 진짜 범인이 체포될 때까지 갖은 수모를 당해야만 했다.

부당하게 박해당한 사람 그리고 인간의 정체성을 파괴하는 법과 경찰의 힘에 대한 공포를 주제로 한 영화를 히치콕은 전에도 이미 만든 적이 있었다. 하지만「누명 쓴 사나이」에는 새로운 시각이 첨가된다. 사람을 완전히 파괴하는 경찰의 무자비한 행위들은 남편을 마음으로 진정 사랑하는 발레스트레로의 부인에게조차 서서히 정말 남편이 범인이 아닌가 하는 의심을 하게 만든다. 그래서 그녀야말로 공권력의 진정한 희생자가 된다. 왜냐하면 그녀는 남편에 대한 신뢰를 잃었을 뿐만 아니라 마침내는 이성도 잃어버리기 때문이다. 남편의 누명이 벗겨졌다는 보도도 이제는 정신이상이 된 그녀를 구출해내지 못한다. 이 둘의 사랑은 시련을 견뎌낼 수 없었다. 온실 같은 삶을 갑자기 뚫고 들어오는 혼돈은 결국 그녀를 정신병자로 만들어버린 것이다. 히치콕은 이 영화에서 처음으로 정신이상자를 보여준다. 이로써 정신이상 자체가 어떻게 다시 혼돈과 범죄를 낳는가를 보여주는 영화인 「사이코」로 이어지는 다리가 놓인 셈이다.

우리를 슬프게 하는 드라마인 흑백영화 「누명 쓴 사나이」에 뒤이어 역시 슬픈 로맨스인 「현기증」이 촬영되었다. 이것은 「이창」의 부정적인 설계도라고 할 수 있는데, 여기서도 역시 서로 다른 두 인간의 사랑의 관계가 다루어진다. 「현기증」에서 퇴직 경찰관 퍼거슨은 한 동창생에게서 자살 위험이 높은 그의 부인을 보호해달라는 부탁을 받는다. 퍼거슨은 그녀를 사랑하게 된다. 그러나 고공 공포증이 있는 그는 자신의 현기증 증세 때문에 그녀가 종탑에서 떨어져 죽는 것을 막지 못한다. 그는 자신이 교묘한 속임수에 걸려들었음을 알지 못한다.

죄책감에 사로잡힌 채 퍼거슨은 그 사랑을 잊지 못한다. 그러다 어느 날 그는 죽은 그 부인과 비슷하게 생긴 한 여인을 알게 된다. 마치 편집광처럼 그는 그녀를 잃어버린 옛날 여인의 모습으로 바꾸기 위해 온갖 노력을 다한다. 그러다 그는 우연히 자신의 새 애인이 죽었다고 믿었던 바로 그녀라는 사실, 그리고 그녀가 그에게 아주 못된 속임수를 쓰고 있다는 사실을 알게 된다. 그녀가 그에게 모든 것을 얘기하려고 하는 순간 그녀는 정말로 떨어져 죽게 되고 그는 마침내 고공 공포증에서 해방된다.

영화의 후반부 전체는 퍼거슨이 죽은 옛 연인의 모습으로 새 애인을 되돌려 변모시키는 내용을 다루고 있다. 히치콕은 여기서 "심리적 섹스"[189]를 다루고 있다고 설명한다.

"이 남성은 어떤 불가능한 여성상을 현실화시키려는 충동에 사로잡혀 있습니다. 간단히 말해서 이 남자는 죽은 사람과 자고 싶은 것입니다. 즉 시간屍姦인 셈이죠."[190]

하지만 이 해석은 진실의 한 부분일 뿐이다. 왜냐하면 여기서 다루는 또 하나의 중요한 주제는 어떻게 남자들이 여자를 조종하고 변형시켜, 자기가 좋아하는 틀에 맞추려고 하는가 하는 문제이기 때문이다. 남자들은 여자가 자신이 생각한 원형에 꼭 맞으면 그제야 그녀를 사랑할 수 있게 된다. 「이창」에서의 사진작가와 마찬가지로 「현기증」에서의 사립 탐정도 ― 두 역 다 제임스 스튜어트가 맡았다 ― 남을 엿보는 것이 취미이다. 퍼거슨은 자신이 나중에 사랑하게 되는 여인을 훔쳐본다. 그리고 이 두 영화에서 주인공은 둘 다 신체적으로 자유롭지 못하고 그로 인해서 성적으로도 제약받는다. 퍼

■「현기증」에서 제임스 스튜어트와 킴 노박, 1958년

거슨의 고공 공포증은 「이창」에서의 사진작가가 고통을 느껴야 했던 깊은 심연으로의 추락에 대한 공포이다. 겉으로 보기에는 큰 탈 없이 끝난 이 추락은 남자가 여자에게 속수무책으로 완전히 맡겨져 있음을 상징적으로 나타낸다. 따라서 퍼거슨의 고공 공포증은 이렇게 완전히 맡겨진 상태, 자신의 정체성을 완전히 잃는 것에 대한 두려움의 표현임이 명백하다.

「현기증」의 이와 같은 모티프가 바로 이 작품을 「이창」과 대조적이면서도 그것을 보충하는 작품이 되게 한다. 하지만 「이창」에서와는 달리 여기서 남자는 피해자가 아니라 가해자이다. 그는 한 여자에게 자기 부정을 요구한다. 그는 여자에게 그의 머릿속에만 존재하는 상像에 맞춰가도록 요구한다. 퍼거슨의 정서적 결함은 자신이 남성임을 억지로 증명하기 위해 자신의 머릿속에 있는 이미지를 구현시키려고 노력하는 데에 있다.

그 배후에는 여자들에게 권력을 행사하고 싶어 하는 욕구가 숨어 있다. 전능자가 되고자 하는 이러한 형태의 욕구는 순전히 영화 속의 인물인 퍼거슨에게만 있는 것이 아니라 그의 창조자인 히치콕에게도 있다. 이 둘의 성격에는 너무나 닮은 데가 많다.

예컨대 히치콕의 전기 작가 존 러셀 테일러John Russell Taylor는 「현기증」은 히치콕의 "알레고리적 자서전과 놀라울 정도로 유사하다"고 말한다.[191]

히치콕이 잉그리드 버그만에 대해 성적으로 매료된 것이 알려진 이후, 겉으로는 완벽한 남편이자 한 가정의 가장인 그가 차가운 성적 매력을 지닌 금발 미인들에게 – 잉그리드 버그만이든 그레이스 켈리든, 베라 마일스Vera Miles, 킴 노박Kim Novak, 혹은 나중의 티피 헤드렌이든 간에 – 단순한 직업상의 관심 이상으로 호감을 갖고 있었다는 것은 공공연한 비밀이 되었다.

히치콕은 이러한 자신의 편애 성향을 솔직히 고백하면서 다음과 같은 극적인 언어로 이를 합리화시키려고 노력했다.

■ ❶ 그레이스 켈리 ❷ 티피 헤드런 ❸ 베라 마일스 ❹ 잉그리드 버그만 ❺ 킴 노박

"왜 내가 항상 이렇게 완벽하고 우아한 금발의 여배우들을 찾느냐고 요? 나는 정말 여인 같은 여자, 그러면서도 침실에만 들어가면 창녀 가 되는 그런 여인이 필요합니다……. 내 생각에는 성적인 매력으로 따질 때 가장 호감이 가는 여자들은 영국계 여자들입니다. 나는 영 국, 스웨덴, 북부 독일, 스칸디나비아의 여자들이 로만 계통의 여자 들, 즉 이탈리아나 프랑스 여자들보다 훨씬 더 매력적이라고 생각합 니다. 성性은 눈 안으로 금방 파고들어올 듯해서는 안 됩니다. 젊은 영국 여인은 예컨대 언뜻 보기에는 학교 선생님 같습니다. 그러나

놀라시겠지만 당신이 그녀와 택시에 오르기만 한다면 그녀는 당신의 바지 지퍼를 열 수도 있다는 인상을 줍니다."[192]

실제 경험을 묘사했다기보다는 자신의 희망사항을 표현한 것처럼 들리는 위 문장들은 가톨릭식으로 교육받았기 때문에 두려워서, 혹은 기회가 주어지지 않아서 제대로 경험해볼 수 없었던 그의 성적인 욕구를 보여준다고 생각된다. 그가 부인 알마와 10년 이상 완전히 친구 같은 감정으로만 살았다는 것을 감안할 때 더 잘 이해될 수 있는 그의 성적 욕구는 1950년대 영화들에서 점점 더 명확히 드러난다.

퍼거슨이 「현기증」에서 자신의 파트너를 조종하듯이 히치콕은 자신의 주연 여배우들을 겉으로 보기에는 차가운 듯하지만 속으로는 성적으로 자유로운 여자로 표현했다. 이것은 남자들의 환상의 표현이며 빅토리아 시대의 성적인 억압과 가톨릭적인 금욕주의의 이면이라고 할 수 있다. 할리우드에서는 히치콕이 남들의 성행위 장면을 보면서 자신의 성적 욕구를 충족시키는 병에 걸렸다는 소문이 돌았다.[193]

성적으로 매혹적인 여인을 남성의 의지에 완전히 굴복시키고 싶어 하는 그의 집착은 「현기증」에서는 아직 관례적인 형식으로 표현되었지만 후기 작품들에서는 일관적이면서도 더 과격하게 완성되어 나타난다. 비록 사건이 발생하는 결정적인 순간에 장면을 바꿈으로써 카메라의 수줍어하는 눈길을 통해 약화시켜 표현하긴 했지만,

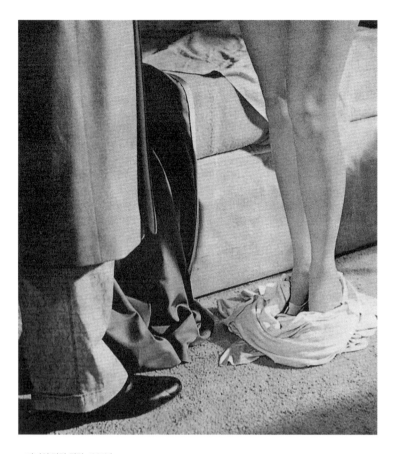

■ 마니의 강간 장면, 1964년

히치콕은 「마니」에서 처음으로 강간 장면을 보여주었다. 그리고 마침내 「프렌지」에서는 한 여자가 강간당한 후 살해되는 잔인한 장면을 그대로 화면에 표현했다. 그가 좋아하는 여배우 오드리 헵번 때문에 계획했던 한 프로젝트는 결국 그것을 포기하는 데만도 20만

달러가 들었다.[194] 헵번은 이 영화에 강간 장면이 있다는 얘기를 듣자 자신의 출연 승낙을 무효라고 선언했다.[195]

여러 부분에서 우리를 당황하게 하는 「현기증」이 발표된 후 바로 다음 해에 히치콕은 완전히 다른 색조를 지닌 영화인 「북북서로 진로를 돌려라」로 다시 우리를 놀라게 한다. 미국 전역을 종횡무진으로 도주하는 한 남자를 그린 이 로드 무비road movie[196]의 연출 상의 여러 기본요소들은 사실상 새로운 것이 아니다. 이들 요소들의 대부분은 1942년에 만든 「파괴 공작원」에서 이미 다루어졌다. 그리고 영화 마지막 부분에서 한 악당이 돌로 만든 국립 기념물에서 떨어지는 장면도 예전 영화에서 빌려 온 것이다. 「파괴 공작원」에서는 뉴욕의 자유의 여신상이 운명의 장소였으며, 「북북서로 진로를 돌려라」에서는 네 명의 미국 대통령의 거대한 초상이 새겨져 있는 러시모어산Mount Rushmore에서 악당이 떨어져 죽는다.

애국적인 냄새가 풍기는 「파괴 공작원」과는 달리 「북북서로 진로를 돌려라」에는 미국의 정치와 제도를 비꼬는 비판이 담겨 있다. 한 무고한 시민이 국가의 안전을 구실 삼는 정보기관에 의해서 무자비하게 희생당한다. 그는 이른바 민주주의의 공식적인 담당자가 자신을 이 기가 막힌 사건에 얽히게 한 것도 모른 채 목숨을 건 도주극을 벌인다.

하지만 이 영화의 가장 핵심부는 숙명적인 사랑 관계가 차지하고 있다. 여기서도 여성상이 부정적으로 그려져 있음이 눈에 띈다. 여주인공은 사랑을 부인할 뿐만 아니라, 국가에 대한 의무가 자기

■ 「북북서로 진로를 돌려라」의 촬영 장면

자신의 감정보다도 더 중요하다는 이유로 사랑하는 사람을 재앙에 몰아넣는다. 반면, 남자는 여자를 구하기 위해 한시도 주저하지 않고 자신의 전 존재를 건다.

1960년에 촬영한 「사이코」는 히치콕 영화의 결정판이 되었다. 이 영화는 어떻게 보면 우연의 산물이라고 할 수 있다. 왜냐하면 이것은 오드리 헵번의 거절 때문에 실패로 돌아간 프로젝트 「판사를 위한 보석금은 없다No Bail for the Judge」를 대신해서 만든 것이기 때문이다. 그 어떤 영화도 대신할 수 없을 정도로 히치콕의 이름과 직결되는 이 영화는 80만 달러라는 적은 예산과 텔레비전 기술진에 의해서 탄생되었다.

「사이코」는 당시뿐 아니라 지금까지도 여전히 충격적인 작품이다. 왜냐하면 그것은 터부를 건드렸을 뿐만 아니라 그때까지의 영화 전통에서 유효하던 여러 규칙들을 깨고 있기 때문이다. 전체 줄거리의 긴장도를 그래프로 그려보아도 전형적인 곡선이 나오지 않는다. 다시 말해 보통의 경우 곡선이 영화의 결말을 향해 달리는데 이 영화는 시작한 지 반 시간이 지난 뒤에 벌써 그 절정에 달하기

■ 「사이코」의 정지 장면, 1960년

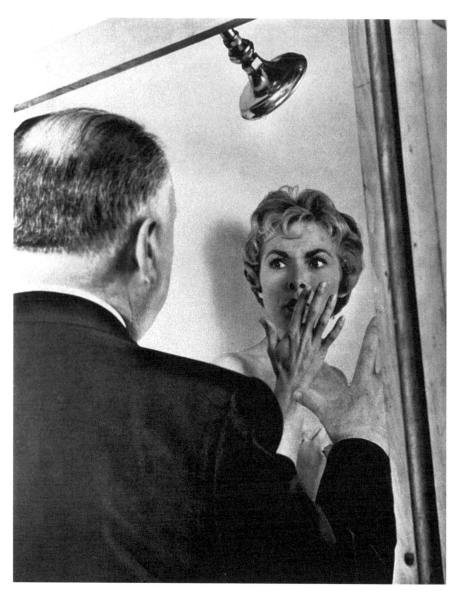

■ 「사이코」의 촬영 장면

때문이다.

샤워장에서의 살인 장면은 영화 예술에 있어서 후에 자주 인용되는 대표적인 걸작에 속한다. 45초 동안 지속되는 이 장면은 78개의 컷으로 구성되어 있는데, 사건 발생의 잔인성을 청각적으로 강조하기 위해 인위적으로 만든 음향이 배경으로 깔려 있다. 관례적으로 해오던 연출기법을 명백히 깨는 것 중의 하나는 관객들이 자신들과 동일시하는 여주인공이 영화가 진행된 지 3분의 1도 지나지 않아서 살해당한다는 것이다.

영화사상 「사이코」에 버금가는 정도로 영향력을 행사한 영화는 몇 편 되지 않는다. 항상 똑같은 유령 이야기나 스릴러, 혹은 정형화된 드라큘라, 악마, 신화에 등장하는 허구적 실체만이 공포 영화를 만드는 데 필요한 레퍼토리는 아니라는 것을 히치콕은 보여준다. 「사이코」에서 느껴지는 공포나 놀라움은 보잘것없고 진부한 일상생활에서 나오거나 예측할 수 없는 인간심리에서 나온다.

히치콕의 공포영화 개념에 자극받은 영화로는 로버트 올드리치Robert Aldrich의 「아기 제인에게 무슨 일이 일어났는가?Whatever Happened to Baby Jane?」, 스탠리 큐브릭Stanley Kubrik의 「빛The Shining」, 로만 폴란스키Roman Polanski의 「혐오Repulsion」로부터 브라이언 드 팔머Brian de Palma의 「캐리Carrie」와 「분노The Fury」, 존 카펜터John Carpenter의 「헬로인Halloween」과 「안개The Fog」, 데이비드 크로넨버그David Cronenberg의 「파리The Fly」에 이르기까지 수없이 많다.

히치콕은 「사이코」를 통해 관객을 조종하는 데 완벽하게 성공했다.

"「사이코」에서는 주제도 인물도 내게 별 중요한 것이 아니었습니다. 중요한 것은 영화의 여러 요소들, 예컨대 촬영, 음향 등 기술적인 것들을 통해서 관객들로 하여금 소리지르게 하는 것이었지요. 내 생각에는 이것이 영화 예술을 하면서 느낄 수 있는 가장 큰 만족이라고 생각합니다. 그리고 바로 그것을 우리는 「사이코」를 통해서 해낸 것입니다. 거기에는 관객들이 관심 있어 할 어떤 메시지가 있는 것도 아닙니다. 또 특별한 연기력이 전체를 이끌어간 것도 아니고요. 관객을 끌 만한 특별히 유명한 소설을 원작으로 한 것도 아닙니다. 관객들을 공포에 떨게 했던 것은 오로지 영화 그 자체였습니다."[197]

단지 '순수 영화'라는 척도에서만 「사이코」가 히치콕의 작품들 중 최고봉으로 간주될 수 있는 것은 아니다. 주제 면에서도 그것은 더 이상 올라갈 곳이 없을 정도로 그의 영화 발전의 최고 단계에 도달한 것으로 볼 수 있다. 「사이코」 이후에 촬영된 영화들은 옛날 것의 재현이나 변형에 지나지 않는다. 그 이후의 히치콕의 작품 중 어느 것도 「사이코」가 전달해주는 비관주의를 더 진하게 나타내지 못한다.

정신분열증에 걸린 노먼 베이츠Norman Bates의 모습에서 공포라는 감정은 하나의 독립된 형체를 갖는다. 베이츠는 공포에 의해 지배되는 히치콕 영화세계의 본질 그 자체이다. 한편으로는 정이 가면서도 동시에 소름끼치게 잔인한 한 인간이 자신의 내부적 강압에서 벗어나지 못한다. 아무것도, 그 누구도 그를 거기에서 건져낼 수 없다.

그때까지 히치콕은 흥조나 파멸 등의 원인을 사람들이 어느 정도 이해할 수 있으며 이성적으로 설명이 가능한 것으로 묘사했고, 따라서 그 원인들은 원칙적으로 언제든지 극복 가능한 것이었다. 첩보원은 명령에 따랐고, 과부 살인자는 희생자의 돈을 수중에 넣고 싶었던 것일 뿐이었다. 「열차 안의 낯선 자들」에서의 브루노는 정신이상이긴 하지만 단지 참을 수 없는 압박에서 벗어나고 싶었을 뿐이었다.

하지만 이와는 달리 「사이코」에서의 공포와 혼돈은 노먼 베이츠라는 인물 자체 속에 들어 있었고 따라서 그것은 통제 불가능한 것이었다. 왜냐하면 그 근원이 현실세계 외부에 있기 때문이다. 베이츠의 죽은 엄마, 즉 현실세계의 바깥에 있는 여인이 그를 사로잡는다. 그의 이해할 수 없는 행동도 모두 그녀의 지휘에 따른 것이다. 정신착란에 의해 지배되는 이 모자 관계는 다른 어떤 형태의 인간적 결속도 이들에게 허락하지 않는다. 베이츠에게는 더 이상 구원은 없다. 평소에 수줍어하는 성격을 가지고 있으며 악의 없어 보이는 베이츠는 사랑에 대한 동경을 일깨워주는 어떤 여자든지 그에게 다가오기만 하면, 자신의 욕망의 대상이 되는 이 여자들을 반드시 파멸시켜야 하는 미치광이가 되고 만다.

히치콕의 다음 영화 「새」가 한 매력적인 여자의 출현으로 위협받는 모자 관계를 그린 것은 결코 우연이 아니다. 「사이코」가 암울

▪ 「새」의 촬영 장면

「새」는 「자메이카 여관」과 「레베카」와 마찬가지로 대프니 듀 모리에의 원작을 바탕으로 제작되었다. 히치콕은 원작 소설을 영화화했을 때 생기는 문제점과 자신의 작업 방식에 대해 다음과 같이 말한다.

"내가 일을 하는 방식은 어떤 이야기든지 한 번만 읽는 것입니다. 이야기의 기본적인 아이디어가 마음에 들면 그 책에 대해서는 완전히 잊어버리고 영화를 만듭니다. 그래서 나는 대프니 듀 모리에의 『새』에 대해서는 해줄 얘기가 없습니다. 나는 그 책을 딱 한 번, 그것도 아주 대충 읽었을 뿐입니다. 내가 이해할 수 없는 것은 한 작가의 작품을 완전히 도용하는 것입니다. 작가가 3, 4년에 걸쳐 자신의 인생을 모두 담아놓은 훌륭한 소설을 말입니다. 스태프와 기술자들이 그 작품을 이리저리 만지작거리고 나중에는 오스카상 후보가 되기도 합니다. 하지만 작가는 뒷전으로 사라져 잊힙니다. 나는 이런 일을 그냥 보고 있을 수 없습니다."(TR 270)

한 결론을 내리며 끝난다는 사실에 비추어 볼 때, 「새」에서는 이런 위협에서 시작된 혼돈이 이제 더 이상 한 사람에게만 귀속되지 않고 자연의 반란이라는 모습을 띠고 나타나는 것은 논리적으로 일관성 있는 전개라고 할 수 있다. 여기서도 다시 공포라는 요소가 독자성을 획득한다. 하지만 이번에는 한 사람의 모습에서가 아니라 떼지어 인간을 덮치고 파멸시키려고 달려드는, 원래는 그렇게 공격적이지 않다고 믿어지는 새의 형체를 빌려서 나타난다. 새의 이러한 묵시록적인 반란은 다른 사람을 인정하기 싫어하는 인간의 속성과 인간의 내적 파멸에 대한 은유적 표현이다. 이로부터 인간을 구원해낼 수단은 없다.

이와 같은 메시지는 「마니」에서도 나타난다. 이 영화는 행복한 결말로 끝난 듯한 인상이 짙으나 결국은 같은 메시지를 전달한다. 「현기증」에서 아직 실현되지 못했던 '여성의 굴복'이 「마니」에서는 완벽히 실현되었다. 정신질환이 있는 부인(티피 헤드런)은 그녀를 사랑하는 남편(숀 코너리)의 끈기 덕분에 병을 고치게 된다. 하지만 그것에 대한 대가는 엄청난 것이었다. 마지막 장면이 보여주듯이, 그녀는 어머니에 대한 종속에서 벗어나지만 남편에게 종속되고 말기 때문이다. 「현기증」에서와는 달리 여기서는 여자에게 행사하는 남자의 권력이 중심 내용을 이룬다.

히치콕은 다음과 같은 말을 통해 간섭석으로 그것을 실명한다.

"나는 이런 물신적인 사랑을 보여주기를 좋아합니다. 한 남자가 어

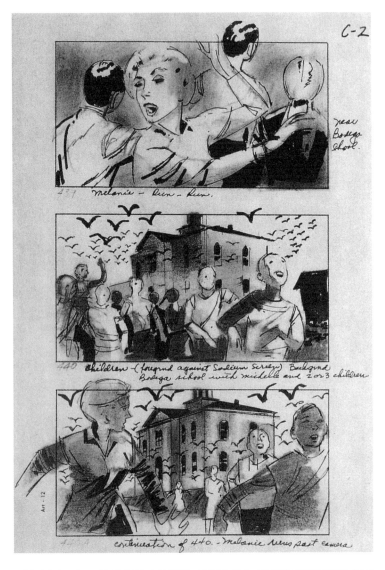

■ 「새」의 준비 그림, 1963년. 히치콕의 여러 영화들은 이와 같은 사전 그림 작업을 통해 준비되었다. 「새」의 준비 그림 작업은 로버트 보일Robert Boyle이 맡았다.

■ 「새」의 촬영 장면. 아이들이 새로부터 도망치는 장면으로, 새는 후에 삽입된다.

느 여자 도둑과 자고 싶어 합니다. 바로 그녀가 도둑이기 때문에 그
녀와 자고 싶었던 것입니다. 마치 어떤 사람은 중국 여자와 혹은 다
른 어떤 사람은 흑인과 자보고 싶어 하는 것처럼 말입니다……. 그
것을 좀 더 명확히 얘기하기 위해서 금고 앞에 여자 도둑이 서 있는
것을 숀 코너리가 발견했을 때 어떤 충동이 그를 엄습했는지, 얼마
나 그녀를 강간하고 싶은 충동이 있었는지를 보여주었다면 더 좋을
뻔했습니다."198

히치콕이 현실에서 이루지 못한 것을 영화 속의 주인공은 해낸다. 「새」와 「마니」에서 여자주인공 역을 맡은 티피 헤드런은 그의 진형적인 여성상인 아주 차가우면서도 에로틱한 여성의 이미지에 부합하는 마지막 여자 스타였다. 그녀는 또한 히치콕이 성적 호감을 느껴 괴롭혔던 마지막 여자였다. 그는 이 여배우의 사생활까지 속속들이 간섭하고 들어오면서 그녀를 괴롭혔다. 하지만 그녀를 향한 정열은 채워지지 못한 채 끝났고 결국 그녀는 그에게서 멀어져갔다.

이런 거절로 받은 개인적인 상처가 「마니」를 실패작으로 만든 데에 얼마만큼 영향을 미쳤는지는 명확히 알 수 없다. 히치콕은 실패 원인을 시간 독촉으로 돌리려고 한다.

"시나리오, 세트 등등 모든 것에 시간이 좀 더 필요했습니다……. 기술적으로 볼 때 그것은 정말 내가 용납할 수 없을 정도로 엉망이었습니다. 시간이 너무 촉박했죠. 마음 같아서는 전부 다 갖다 버리고 처음부터 새로 시작하고 싶었습니다."[199]

비평가들도 엉성한 기술과 단순하고 조잡한 심리묘사에 대해 비판했다.

「마니」의 실패는 당시 이미 65세가 된 히치콕을 상당히 불안하게 했다. 그는 세 번이나 그다음 프로젝트를 시도했지만 계획은 항상 실현되지 않았고, 다음번 작품이 실제로 영화관에 나오기까지는 2년이라는 세월이 걸렸다.

▪「마니」의 티피 헤드런과 숀 코너리, 1964년

11. '앨프레드 히치콕 극장'

「사이코」의 촬영비를 적게 들이기 위해 히치콕은 전에 텔레비전에서 같이 활동했던 기술진들과 함께 영화를 만들었다. 이미 1950년대 중반부터 히치콕은 영화의 가장 큰 경쟁자인 이 새로운 방송 매체에 정기적으로 참여했다. 1955년 가을부터 1961년 초까지 히치콕은 CBS에서 일주일에 한 번씩 방영되는 30분짜리 시리즈 '앨프레드 히치콕 극장Alfred Hitchcock Presents'에서 프로듀서 겸 사회자로 일했다.[200] 그리고 이 프로그램은 1958년에는 그해의 최고 방송 시리즈로 선정되어 골든글로브상을 받았다. 1961~62년에는 방영시간이 한 시간으로 연장되었다. 그리고 이 프로그램은 '앨프레드 히치콕 시간The Alfred Hitchcock Hour'이라고 명칭이 바뀌었다.

각각의 에피소드는 미스터리나 음침하고 무시무시한 내용을 담고 있는데 어떤 줄거리이든 간에 포인트는 항상 마지막에 놓여 있었다. 이 시리즈의 트레이드 마크는 방송의 처음과 마지막에 놓인 히치콕의 출연이었다. 이때의 배경음악은 찰스 고우너드^{Charles Gounod}의「한 인형의 장송행진곡」이었다. 히치콕은 한편으로는 아이러니컬하면서도 변덕이 심하고 다른 한편으로는 도덕적인 듯한 말과 행동으로 매회의 내용에 대해 언급했다. 다음은 한 예로「쇠약^{Breakdown}」이라는 에피소드에서 따온 것이다.

"우리는 항상 모든 일에 인생의 규칙 혹은 도덕 등을 규정하려고 합니다. 마치 엄마가 그렇게 했듯이 말입니다. 예를 들면 '돌아다닐 때조심해라. 손에 곤봉 없이는 절대 돌아다니지 말아라. 무조건 먼저때려야 한다. 질문은 나중에 해도 된단다.' 어때요 여러분, 이해하시겠어요?"[201]

이런 쇼들이 모두 350편 이상 제작되었지만 히치콕이 직접 감독한 것은 그중 20편에 불과하다.[202] 조지프 코튼, 클로드 레인스^{Claude Rains}, 베라 마일스, 존 포시드^{John Forsythe} 등과 같은 몇몇 영화 스타들도 가끔 등장하곤 했다.

히치콕은 화면에 출연함으로써 자신의 인기도를 높이는 묘수를 쓴 셈이다. 1950년 이후 미국 영화계의 관객 수는 급격히 감소했다. 1951년에는 미국 전역에서 700개의 영화관이 문을 닫아야 했다. 그중 어떤 것은 건물까지 없어지기도 했고 몇몇은 다른 목적으로 개조되기도 했다.

할리우드의 대형 스튜디오들은 기술혁신을 통해 생존을 위협하

■ 앨프레드 히치콕의 트레이드 마크

는 경쟁자에게 대항하려고 시도했다. 앞에서 언급한 수명이 짧았던
입체영화 방식 외에도 영화계는 시네마스코프 기술의 매력을 이용
했다. 시네마스코프 기술은 그때까지의 화면보다 두 배 더 큰 화면
을 은막에 투사할 수 있게 하는 기술을 말한다.

　이렇게 영화계가 생존을 놓고 싸우는 반면에, 텔레비전 방송계
는 일반 기업들을 스폰서로 해 '텍사코 스타 시어터The Texaco Star Theatre'
와 같은 싸구려 프로그램 등으로 엄청난 시청률을 확보했다.

　히치콕은 이 새로운 방송 매체에 전혀 겁내지 않았다. 오히려 그
반대였다. 영화에 비해 기술적으로 제한적인 텔레비전 제작방식을

그는 하나의 도전이자 새로운 경험을 쌓을 수 있는 좋은 기회로 간주했다. 또 이 쇼들은 자신의 영화에 사용할 수 있는 아이디어를 개발하고 실험해보는 하나의 장으로 유용했다.

하지만 이것이 그가 7년 동안이나 한 텔레비전 방송 시리즈에 자신의 이름을 빌려주었던 원래 이유는 아니었다. 보급도가 매우 높은 이 새로운 방송 매체가 거의 완벽한 선전 매체가 될 수 있다는 것이 결정적인 이유였다.

히치콕은 살아 있는 동안 세련된 마케팅 전문가였다. 그리고 그것이 자신이라는 상품을 마케팅하는 것일 때는 더더욱 그러했다. 관객의 정서를 조종하는 데 노련했던 그는 어떻게 하면 자신이 인기를 끌 수 있는지, 또 그것을 통해서 어떻게 자신의 시장가치를 높일 수 있는지 잘 알고 있었다. 비록 그는 "매번 벌 받는 것 같았다"[203]고 주장하지만, 영화에 의무적으로 잠시 출연한 것도 바로 그런 차원에서였을 가능성이 있다. 텔레비전 화면은 그에게 완전히 새로운 형태로 자기를 과시할 수 있는 길을 제공해 주었다. 그는 자기 스스로를 스타로 만들 수 있었다. 자신의 영화에 출연하는 모든 배우들의 인기도를 훨씬 능가하는 유명한 방송인이 될 수 있었다. 이것은 관객들이 자신의 영화에 관심을 갖도록 하는 데 당연히 유리하게 작용했다.

문고판 시리즈의 광고에 자기의 이름을 빌려주는 것도 히치콕에게는 이익이 많이 남는 장사였다. 기발한 사업가 리처드 E. 데커Richard E. Decker는 탐정소설 류의 잡지를 만들려고 했는데 이때 그 표지에 히치콕의 이름과 초상을 사용하면 좋겠다고 생각했다. 히치콕은 그에

■ 자기선전의 대가였던 히치콕. 뒷배경 그림에서 히치콕은 러시모어산의 국립 기념물인 대통령들의 석상 사이에 자신을 넣음으로써 영국 출신의 유명인사로 자신을 영원히 기리고 있다.

게 사용권을 팔았고, 그래서 1950년대 중반에 「앨프레드 히치콕 미스터리 매거진Alfred Hitchcock Mystery Magazines」이라는 잡지가 생겨났다. 이것은 괴이하고 진기한 탐정소설이나 이와 비슷한 종류의 이야기 등을 모아놓은 잡지로서 대부분 이름 없는 작가들의 글이 실렸다. 첫 페이지를 보면 히치콕이 손수 내용을 골랐고 편집했을 거라는 인상을 받지만, 사실 그는 "이 모든 일에 일체 관여하지 않았다".²⁰⁴ 그리고 스스로 내용을 검토해볼 생각조차 해보지 않았다. 어쨌든 이 시리즈는 국내외에서 아주 잘 팔렸고 이것의 번역판이 그에게 가져다 준

수익만 해도 연간 10만 달러나 되었다.[205]

1950년대 이후 그는 주식이나 예술품, 부동산을 소유한 부자가 되었고 가축농장부터 영화사에 이르기까지 각종 사업에 손을 대고 있었음에도 항상 생의 말년을 궁핍 속에서 보내리라는 막연한 불안감에 떨었다. 그래서 「올가미」, 「이창」, 「너무 많이 아는 사람」(두 번째 판), 「해리의 소동」, 「현기증」 등을 극장에서 회수해, 말하자면 후일을 대비한 '노후 보험'의 형태로 자기 수중에 묶어두었다. 그가 죽은 뒤에 이들 영화의 소유권은 딸 패트리샤에게로 넘어갔고, 1980년대 초에야 이 영화들이 다시 영화관에서 상영되었다.

그는 「앨프레드 히치콕 극장」을 방영하면서 알게 된 카메라맨 존 F. 워런John F. Warren과 함께 드디어 「마니」 이후 2년간의 망설임의 시기를 깨고 조명기술에 크게 의존하는 영화 「찢어진 커튼Torn Curtain」을 계획했다. 히치콕은 첨예한 정치적 주제를 다룬 소재를 골랐다. 「찢어진 커튼」은 동독으로 넘어간 한 미국 학자를 다루었다. 이야기의 핵심은 그 사람이 진짜로는 배신자가 아니라 공산권의 중요한 군사기밀을 알아내려는 사람이라는 것이다.

1961년 베를린 장벽이 세워진 후 심화된 냉전 상황이 이 영화의 극적인 배경을 이루었다. 이 「찢어진 커튼」은 이전 영화 「마니」와는 달리 상업적으로 실패하지 않도록 해줄 만한 여러 다른 장치들을 갖추고 있었다.[206] 주인공 역은 폴 뉴먼Paul Newman과 줄리 앤드루스Julie Andrews가 맡았다. 히치콕은 이로써 관객을 끌어당기는 자석을 고용한 것이라고 생각했다.

하지만 「찢어진 커튼」은 그의 기대에는 미치지 못했다. 비평가들은 주인공들, 특히 그중에서도 학자들이 이해하기 힘든 행동을 했다고 평했다. 또 기술적인 실수들도 감독에게 짐이 되었다. 예를 들면 추적 장면을 찍을 때 사용한 역투사逆投射 기술은 너무 엉성했다. 게다가 이야기 줄거리도 조잡한 데가 많았다. 예를 들어 적군과 소속 사람들이 서부 활극에서처럼 라이프치히와 동베를린 사이를 오가는 버스를 덮치고 강도질하는 장면에서 드러나듯, 현실을 캐리커처식으로 묘사한 것이 그것이다. 「타임 매거진Time Magazine」은 「찢어진 커튼」에 대해 "좀약" 같은 냄새가 난다고 썼다.[207]

그러나 이 영화는 이런 혹평만 들어야 할 정도로 나쁘지는 않다. 「찢어진 커튼」 전체를 실패작으로 평가할 수는 없다. 이 영화는 아마도 히치콕보다 덜 유명한 감독이 만들었다면 그래도 용서받을 수 있을 만한 기술과 연출의 문제를 담고 있을 뿐이다. 그러나 1950년대의 어마어마한 대작들 이후로 사람들이 히치콕에게 항상 최고의 성과를 기대한 것도 무리는 아니다. 그가 중간 수준 정도의 영화를 만들면 전문가들 사이에서는 이미 '히치콕의 시대는 끝났다'는 평이 나오는 것이다.

「찢어진 커튼」에는 그래도 그의 창조력과 영화 기술상 새로운 것을 시도해보려는 그의 용기가 다하지 않았음을 증명해주는 것들이 있다. 질적인 면에서나 감성적인 면에서 「사이코」의 샤워 장면에 비교할 때 그에 못지않게 잘 처리된 장면이 있다. 예를 들면 폴 뉴먼이 국가안전부 요원(볼프강 킬링)을 죽이는 장면이 그것이다. 너무나

■ 「찢어진 커튼」의 포스터

현실적으로 묘사되어 충격적으로 느껴지는 이 장면은 두 사람이 삶과 죽음을 놓고 벌이는 격투의 고통을 아주 끔찍할 정도로 세밀하게 보여준다.

> "상당히 긴 이 살인 장면으로 나는 상투적인 틀을 깨고 싶었습니다. 대부분의 영화에서 살인은 너무 간단히 지나갑니다. 예컨대 단칼로 혹은 총 한 방으로 끝나죠……. 그래서 나는 한 인간을 죽인다는 것이 얼마나 힘들고 어려우며 또 시간이 걸리는 일인가 하는 것을 한번쯤은 보여줄 때가 되었다고 생각했습니다."[208]

「찢어진 커튼」으로 50회의 영화 연출 경력(레지스탕스를 위한 두 영화와 「엘스트리 콜링」, 그리고 완성되지 않은 「13번」은 제외)을 기념하려던 그의 계획이 기대와는 달리 잘 이루어지지 않게 되자 히치콕은 오랜 기간 사생활에 몰입했다. 자기가 마음 편하게 쉴 수 있는 곳인 생모리츠의 숙소에서 충분히 휴식을 취한 후, 히치콕은 1967년 한 해의 대부분을 자신의 집에서 은둔하며 보냈다.

1968년 5월에 그는 새로운 영화를 만든다고 발표함으로써 기자들과 관객을 놀라게 했다. 「토파즈Topaz」는 레온 유리스Leon Uris의 베스트셀러 소설을 영화화한 것으로 「찢어진 커튼」과 비슷한 소재를 다루고 있다. 「토파즈」는 소련인들이 쿠바에서 무슨 계획을 꾸미고 있는지 알아내라는 임무를 받고 그곳으로 파견된 한 프랑스 비밀 첩보원의 모험을 다룬 영화이다. 그는 또한 누가 나토NATO의 비밀을 적국에 팔아넘기는지를 조사하라는 명령도 받고 있었다.

전체 줄거리가 너무 복잡해서 제작에 참여한 사람들에게조차 한 눈에 들어오지 않았으며, 시나리오가 제시간에 완성되지 못하고 촬영 중에 계속 씌어져야 했기 때문에 영화제작에 더욱 어려움이 컸다. 「토파즈」는 기술적인 면에서는 지난번 영화보다 더 나았지만 그 대신에 다른 약점을 가지고 있었다. 영화의 도입부분이 쓸데없이 너무 길고 무엇보다도 서로 중첩되는 줄거리가 많아 사람들에게 혼돈을 야기했다. 그리고 「찢어진 커튼」과 마찬가지로 위트와 유머가 없어 무미건조했고, 감정에 주로 호소한다는 문제점을 가지고 있었다.

냉전을 주제로 한 히치콕의 두 번째 시도 역시 이렇게 실패로 돌아갔다. 1969년 「토파즈」가 처음 상영되었을 때 대중들은 거의 관심을 보이지 않았다. 히치콕이 깨닫지 못한 사이에 관객들의 기대 수준이나 기호, 관람 방식 등이 바뀌었던 것이다. 세계 영화계는 새로운 주제와 형식을 발견했다. 네오리얼리즘과 사회 및 시대 비판 등이 주류를 이루기 시작했다. 예술적인 표현을 중시하는 경향은 독립적인 작가들이나 '지하' 영화관에 맡겨졌고, 대규모 할리우드 영화사들은 액션 스펙터클을 노리기 시작했다. 제임스 본드 시리즈가 증명하듯 오락 영화 부문에서는 동·서의 갈등을 다루는 첩보영화가 인기를 끌었다.[209]

「찢어진 커튼」과 「토파즈」를 통해서 제임스 본드 영화 같은 유형 – 한 인간이 자신을 훨씬 능가하는 힘을 지닌 적이자 세계를 정복하고자 하는 적과 대항해 혼자 싸우는 내용 –과 접목하려는 히치

▪ 「토파즈」의 촬영 장면, 1968년

콕의 어설픈 시도는 실패할 수밖에 없었다. 인간들 사이에 작용하는 파괴성을 국제정치라는 장에 적용하는 그의 방식은 너무 단순하고 신빙성이 없어 보였기 때문이다.

12. 한 시대가 저물다

1963년에 발표된 「새」 이후 관객들의 관심을 끈 영화를 더 이상 만들지 못했음에도 불구하고 히치콕은 1960년대에 수많은 표창과 상을 받았다. 뉴욕의 모던 아트 박물관Museum of Modern Art은 이미 1963년에 히치콕의 생애와 작품을 뒤돌아보는 대규모 전시회를 열었다.

1965년 3월 7일 그는 "미국 영화에 대한 역사적 공헌"[210]을 기려 영화제작자들이 수여하는 '이정표상Milestone Award'을 받았다. 1966년 7월에 뉴욕 시장은 그에게 시의 명예 메달을 걸어주었다. 한 달 뒤 그는 런던에서 영화·텔레비전·연합기술인 협의회Association of Cinematograph, Television and Allied Technicians/ACTT가 주는 공식 명예 훈장을 받았다. 그로부터 약 2년 후인 1968년 4월에는 영화예술 및 영화학 아카데미Academy of Motion Picture Arts and Sciences의 탤버그상 수상자로 지명되는 영광이 따랐고 한 달 뒤에는 캘리포니아대학교에서 명예 박사학위를 받았다. 그다음 해에도 상 및 표창 수여는 끊이지 않고 계속되었다.

1955년 이후 그가 시민으로 속했던 미국과 자신이 태어난 곳 영국 이외에도 그는 특히 프랑스에서 높은 평가를 받았다. 1969년 프랑스 정부는 그를 '문학·예술관Offcier des Arts et des Lettres'으로 임명했다. 2년 뒤 그는 시네마테크 프랑세즈Cinémathéque Française의 일원으로 받아들여졌다. 1950년대 중반에 코트다쥐르에서 「도둑 잡기」를 촬영하기 이전부터 이미 그는 프랑스 영화인들 사이에서 대화의 주제가 되어 있었다.

히치콕을 수준 높은 영화예술가로 최초로 인정한 사람들은 저명한 아방가르드 영화 잡지인 「카이에 뒤 시네마Cahiers du Cinéma」의 편집자들이었다. 그들은 여러 논문에서 히치콕이 조잡한 오락 영화밖에 만들지 못한다는 잘못된 평가를 받고 있다고 썼다. 1954년 10월에 「카이에 뒤 시네마」는 히치콕을 위한 특별호를 냈고, 1957년에는 클로드 샤브롤과 에리크 로메르에 의해 처음으로 히치콕에 관한 단행본이 출판되었다. 이 책은 「누명 쓴 사나이」에 이르기까지 히치콕의 모든 영화를 다루고 있다.[211]

클로드 샤브롤, 장 뤼크 고다르, 에리크 로메르, 프랑수아 트뤼포 ─ 이들은 모두 「카이에 뒤 시네마」의 편집인들이었다 ─ 등에게 있어 히치콕은 영화 속에 개인의 필적을 박아 넣는 '작가auteur주의' 감독이었다. 1950년대 말에 「카이에 뒤 시네마」의 편집인들이 이론에서 실천으로 넘어가 '누벨 바그Nouvelle vague' 운동을 통해 프랑스 영화계를 개혁할 때, 예술의 형식이나 주제 면에서 이들에게 결정적인 영향을 끼친 사람이 히치콕이었음은 간과할 수 없는 사실이다.

■ 프랑스 정부가 수여하는 레
종 도뇌르 훈장(문화대훈장)을 받
는 히치콕, 1971년. 우측의 인물
은 앙리 랑글루아다(위). 프랑수
아 트뤼포(아래).

히치콕이 받은 표창들은 영광스러운 것이긴 하지만 어딘지 모르게 석연치 않은 느낌이 남는다. 왜냐하면 히치콕은 가장 중요한 영화상이라고 할 수 있는 오스카상에서 「레베카」, 「구명보트」, 「백색의 공포」, 「이창」, 「사이코」로 다섯 번이나 감독상 후보로 지명되었음에도 불구하고 한 번도 수상하지 못했기 때문이다.[212] 또 그에게 주어진 명예상들은 이제 그의 작품세계는 끝났으며, 따라서 사람들이 더 이상 그에게 기대할 것이 없고 기대해서도 안 된다는 인상을 주었기 때문이다. 그는 이미 살아 있는 기념물, 즉 '고전'에 속했다. 히치콕의 시대는 완전히 끝났다. 적어도 그때는 그렇게 보였다.

하지만 그것은 오판임이 드러났다. 황혼기에 접어든 이 감독은 1972년에 새로운 영화 「프렌지」를 내놓음으로써 모든 사람들을 놀라게 했다. 20년이 넘는 세월이 지난 후 그는 자신의 직업 세계에 처음 발을 내디딘 고향 런던으로 돌아갔다. 그리고 거기서 어린 시절부터 익히 알던 시장 지역인 코번트가든^{Covent Garden}을 배경으로, "발기 불능의 남자, 그래서 살인을 통해 자신을 과시하는 남자의 이야기"[213]를 그렸다.

「프렌지」는 개인사의 뿌리로의 복귀, 그리고 1926년에 만든 진정한 히치콕 영화의 첫 작품이라고 할 수 있는 「하숙인」에서 다룬 주제로의 복귀를 의미한다. 이 두 영화는 여자만을 골라 죽이는 정신이상자를 다루고 있다. 「프렌지」에서 히치콕은 _의 전성기 때부터 사람들이 익히 알고 있던 모든 것을 보여주었다. 이 영화는 충격적인 장면과 아이러니컬한 연기를 잘 처리함으로써 카메라 기술 면

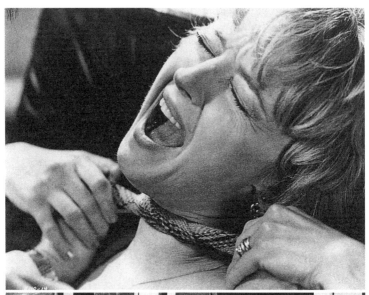

■ 「프렌지」의 살인 장면, 1972년(위)와 「프렌지」에서 희생자를 운반하는 장면, 1972년.(아래)

에서 뛰어난 작품임을 과시했다. 또 이 영화는 긴장이 감도는 연기로 관객을 매혹시켰다.

영화 자체보다 더 놀라운 것은 이 영화가 일흔 살이 넘은 노쇠한 감독의 작품이라는 것이다. 왜냐하면 「프렌지」는 희망도 환상도 더 이상 갖고 있지 않으며 세상과 인간을 경멸하는 냉소적 분노에 찬 고백처럼 느껴지는 작품이기 때문이다. 여자에 대한 폭력을 히치콕이 이처럼 극적이고 과감하게 표현한 적은 한 번도 없었다. 「프렌지」에 나타난 성폭행과 교살 장면에 비하면 「사이코」에서 묘사된 샤워장에서의 살인 장면은 차라리 섬세하고 세련된 행위인 것처럼 느껴진다.

「프렌지」 전체를 지배하는 염세적인 분위기를 제외하면 이 영화는 내용이나 연출 면에서 히치콕의 옛날 영화들에서 표현되지 않은 어떤 새로운 것을 보여주지는 않는다. 고전적인 인물이 된 이 서스펜스의 대가는 다른 사람을 인용할 필요가 없었다. 그는 자기 자신을 인용하는 것으로 충분했다.

「프렌지」는 거의 만장일치로 호평을 받았다. 다만 영국의 일부 비평가들만이 히치콕이 그린 런던은 이미 오래전에 없어진, 더 이상 존재하지 않는 런던이라고 꼬집으며 자기의 고향을 낡은 시각으로 바라보았다고 비판했다. 하지만 이런 정도의 이의 제기는 히치콕이 「프렌지」를 통해 다시 화려하게 복귀했다는 사실을 부정할 수는 없었다. 히치콕은 자신이 아직 녹슨 철이 아니라는 사실을 다시 한 번 입증했다.

그럼에도 불구하고 지나친 과식과 과음 버릇은 여전했으며 이 때문에 그는 신체적으로 점점 더 쇠약해졌다. 촬영 중 알마 히치콕이 졸도해서 다시 로스앤젤레스로 치료받으러 돌아가야 했을 때 그의 주량은 더욱 늘었는데, 이는 런던의 영화제작진의 눈에도 확연히 드러나는 사실이었다.

히치콕이 태어난 나라의 정부는 그때까지 이 대감독에게 표창장을 준 적이 없었다. 1971년 3월 「프렌지」를 촬영하던 중 처음으로 그는 텔레비전 및 영화 협회Society of Film and Television의 명예회원이 되었고 영국 왕가의 일원인 앤 공주는 로열 앨버트 홀Royal Albert Hall에서 그를 표창했다.

1972년 봄 갑자기 알마가 입원했다는 사실이 히치콕을 얼마나 놀라게 했는지 그의 주위 사람들은 모두 느낄 수 있었다. 그 무렵 알마의 건강상태가 눈에 띄게 좋아졌기에 놀라움은 더했다. 그때까지는 자신의 생애에서 가장 중요한 사람을 잃는다는 것은 꿈에도 생각해보지 않았는데, 이제 갑자기 현실로 다가온 것이다. 그가 다른 여자들에 대해서 품었던 성적인 욕망에도 불구하고 알마와의 결혼생활은 항상 그에게 안정을 주는 요소였다. 영화에 관한 모든 문제에 있어서 특히 알마는 그의 가장 중요한 상담자였다.

알마가 자기편이라는 사실이 얼마나 소중하며 또 이 사실 자체에 자신이 얼마나 의존하고 있는지를 아마도 그는 그때 처음 인식했던 것 같다.

그는 혼자 있는 것을 정말 혐오한다고 한 기자에게 솔직하게 토

로한 적이 있다.

> "알마도 그 사실을 압니다⋯⋯. 그녀는 나를 위해 정말 여러 가지 것들을 무릅쓰고 참아왔습니다."[214]

한번은 그가 남녀관계에서 항상 지배적인 역할을 수행하는 것은 여자라고 말한 적도 있다.[215]

1973년 그의 몸무게는 1940년대 초의 몸무게와 비슷한 150킬로그램에 달했다. 그해 10월에 그는 이미 다음 영화를 시작하기로 계획했고, 그래서 자신의 최고 성공작에 속하는 「북북서로 진로를 돌려라」의 시나리오를 썼던 어니스트 레먼과 정기적으로 만나서 시나리오에 관해 얘기했다. 적당한 제목을 찾기가 힘들었던 이 프로젝트는 그 준비 기간만 해도 그다음 한 해가 전부 소비되었을 정도였다.

한편 히치콕의 작품들에 경의를 표하는 여러 표창들로 인해서 이 작업은 중단되기도 했다. 1974년 4월 뉴욕의 '링컨 센터 영화협회Film Society of Lincoln Center'는 영화인으로서의 히치콕의 발전과정을 단계별로 기록영화 형식으로 엮어 전시하는 모임을 개최했다. 이제 나이의 흔적을 뚜렷이 느끼게 하는 주인공은 감사 연설을 통해, 냉소적인 유머를 가진 재능 있는 연예인으로서의 자신의 모습을 최고의 쇼맨십으로 다시 한 번 보여주었다.

"여러분도 보셨다시피 살인은 제가 가장 사랑하는 주제인 것 같습니다. 당시 화면을 통해서 비춰졌던 폭력의 물결을 좋아하지 않았기 때문에 저는 살인이라는 주제를 섬세한 방식으로 다루고 싶었습니다. 또 이외에도 저는 살인이 텔레비전이라는 매체의 도움으로 가정으로 전달되어야 한다고 생각합니다. 왜냐하면 살인은 바로 그곳에 속하기 때문입니다. 우수하게 손꼽히는 살인들 중 많은 건들이 사실상 집에서 발생했습니다. 살인은 식탁이나 욕조 등과 같은 친숙한 곳에서 공감이 가는 방식으로 수행되었습니다. 아무나 닥치는 대로 ─ 당연히 사전에 인사 한마디도, 자신이 누군지 소개 한마디도 하지 않고 ─ 죽일 수 있는 지하세계 출신의 범인보다 저의 도덕 감정을 더 뒤흔들어놓은 것은 없습니다. 희생자는 여러분 모두와 같은, 진정한 신사숙녀가 있는 곳에서 죽음을 당하는 것이 더욱 매혹적이고 편안할 것이라고 생각한다는 제 말에 여러분은 모두 동의하실 겁니다……. 살인사건이 1분마다 일어난다고 저는 들었습니다. 신사숙녀 여러분, 그래서 저는 더 이상 여러분의 시간을 빼앗고 싶지 않습니다. 여러분이 이제 또 일할 시간이 되었다는 사실을 잘 알고 있습니다. 감사합니다."[216]

다음 몇 달 동안 히치콕은 자주 현기증과 가슴의 통증을 호소했다. 의사의 권유로 그는 1974년 가을, 심장 박동 촉진기를 이식했는데 수술은 그다지 성공적이지 못했고 상태는 더 악화되었다. 뿐만 아니라 신장 속에 있는 돌을 제거하기 위한 의학적 처방이 추가되어야만 했다.

증세가 더 좋아지지 않았음에도 불구하고 1975년 5월 그는 결국 자신의 마지막 영화가 된 작품의 촬영에 들어갔다. 이 영화는 두 가지 의미로 해석될 수 있는 '가족 음모Family Plot'217라는 제목을 달게 되었다. 촬영 중에 그는 관절염으로 인한 통증을 자주 호소했다. 촬영진의 눈에도 그 사이 어언 일흔다섯 살이 된 그는 지쳐서 더 이상 작업에 몰두할 수 없으며 또 그러고 싶어 하지도 않는 듯 보였다. 이런 모든 어려움에도 불구하고 「가족 음모」는 그가 몇 달 전에 공식적으로 얘기했던, "내가 만드는 영화는…… 코믹이 담긴 스릴러다"218라는 자신의 말을 충족시켰다. 이것은 다시 한 번 갑자기 과거로 돌아가는 것을 의미했다. 히치콕은 염세적이며 씁쓸한 여운을 남기는 「프렌지」에 이어 「가족 음모」를 통해 그를 1930년대에 유명하게 만들었던 아이러니컬하면서도 위트가 있고, 내용이 약간 혼란스럽게 전개되는 탐정소설의 전통으로 다시 돌아갔기 때문이다.

이 영화에는 본 줄거리와 상관없이 관객들에 대한 마지막 인사처럼 들리는 아이러니컬한 두 컷이 있다. 첫 번째는 히치콕이 늘 해왔던 카메오 출연 장면인데, 관객들은 여기에서 '출생 및 사망 신고소'라는 글자가 씌어 있는 유리문 뒤로 그를 - 더 정확히 얘기하자면 그의 머리의 독특한 그림자를 - 볼 수 있다. 이것은 이미 병들어 있는 것으로 알려져 있던 그가 자신의 작품을 통해 일종의 새생을 기도하고 있다는 암시로 해석되어야 하지 않을까? 또 주연 여배우 바버라 해리스Barbara Harris가 마치 관객들이 공범인 것처럼 관객을 향

해 윙크하는 마지막 장면도 상징적인 의미를 담고 있다. 그것은 마
치 일생일대의 마지막 작품을 장식하는 음산한 피날레와도 같아 보
인다. 그리고 실제로 이 「가족 음모」는 히치콕의 마지막 작품이 되
고 말았다.

　1975년 여름, 촬영이 끝나자 그는 기력이 다 쇠진한 듯했다. 하
지만 그것도 그의 엄청난 주량을 줄이지는 못했다. 더욱이 알마가

다시 한 번 졸도하고 난 후에 히치콕은 더욱 폐쇄적으로 되어 사람을 기피하게 되었고, 더불어 그의 술버릇은 더욱 심해졌다.

1976년 4월 「가족 음모」의 첫 상영이 시작되기도 전에 히치콕은 자신의 다음 프로젝트를 공표했다.

> "이 프로젝트는 어떤 특정한 시체를 찾아 돌아다니는 깡패 집단에 관한 것입니다. 물론 당연히 다른 시체가 나타나죠."[219]

이 영화는 '짧은 밤The Short Night'이라는 제목을 달기로 되어 있었다. 마치 더 지체할 시간이 없다는 듯이 그는 당장 작업에 착수했다. 그는 시나리오 작가와 만나서 자세한 이야기를 나누었다. 그가 자신의 존재에 이제 더 이상 큰 기쁨을 갖고 있지 않다는 것은 누가 봐도 느낄 수 있었다. 히치콕은 "건강뿐만 아니라 정서에도 문제가 있었다"라고 그의 동료 중 하나인 어니스트 레먼은 말했다. "나는 매일 아침 그의 집에 들어설 때마다 똑같은 두려움을 느꼈습니다. 그리고 항상 생각했죠. 오늘은 그가 기분이 좋을까? 그가 어떻게 일에 반응을 보일까? 오늘 일하고 싶은 생각은 있는 것일까?"[220] 레먼은 히치콕에게서 무슨 일이 일어나더라도 "자신은 영화감독이며 지금도 새로운 영화를 준비하는 중"이라는 것을 세계와 자기 자신에게 증명해보이고 싶어 한다는 인상을 받았다.[221]

1979년 3월, 미국 영화연구소는
비벌리힐스에서 그에게 경의를 표하
는 의미로 파티를 개최했는데 그때 히
치콕은 자기 몸을 겨우 지탱할 수 있
을 정도였다. 그전 해 가을 그는 술을
끊기 위해 요양 치료를 받았는데 원하
는 효과를 얻지 못했다. 몇 달이 지나
지 않아서 그는 그전보다 더 많이 술
을 마시기 시작했다. 1979년 5월에
그는 계획했던 마지막 영화를 끝내기
에는 자신의 힘과 에너지가 너무 부족
하다는 사실을 깨달았다. 그래서 그는
사무실을 폐쇄했고, 모든 동료와 비서
들을 돌려보내고 완전히 은퇴했다. 그
해 여름 잉그리드 버그만이 히치콕을
방문했는데 이때 그녀는 히치콕 스스
로가 죽음이 임박했음을 잘 알고 있다
는 인상을 받았다.[222]

1979년 말 히치콕은 다시 한 번
자신이 높이 인정받고 있다는 사실을
경험했다. 영미 상공회의소에서 그를
'올해의 최고의 남성'으로 뽑은 것이

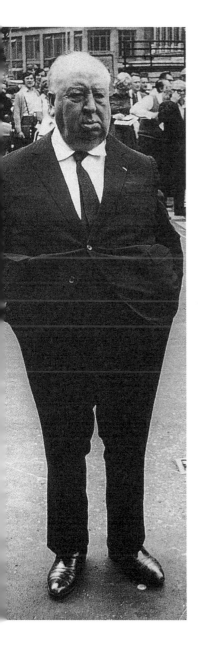

다. 크리스마스 무렵에는 영국 여왕이 그에게 '대영제국훈장 2등급 사령관 기사 Knight Commander of the British Empire' 작위를 주었다. 이것은 다시 말해 앞으로 그가 '앨프레드 히치콕 경'으로 불릴 수 있다는 영광을 의미했다. 작위 수여식에서 그는 기력을 다시 찾은 듯 거기 모인 사람들과 재치 있는 농담을 주고받았다.

히치콕이 공식석상에 마지막으로 모습을 보였던 것은 1980년 4월 16일이었다. 그는 미국 영화연구소의 시상식에서 연설을 했다. 며칠 후 그의 주치의는 신장과 간의 급격한 기능 장애라는 진단을 내렸다. 더 이상 막을 수 없이 신체상태가 악화된 이 환자에게 침대에 누워 절대적으로 안정을 취해야 한다는 의사의 처방이 내려졌다. 1980년 4월 29일 아침 9시 반경 히치콕은 로스앤젤레스에 있는 자신의 집에서 세상을 떠났다. 사망진단서에는 그의 아버지, 어머니와 똑같이 '신장 기능 마비'가 사망원인으로 기록되어 있었다.

장례식은 비벌리힐스의 선한 목자 가톨릭교회Good Shepherd Catholic Church에서 열렸고 장례식 주례는 히치콕과 오랫동안 잘 알고 지내던 예수회 교단의 신부 토머스 설리번Thomas Sullivan이 맡았다. 히치콕의 장

■ 히치콕이 자신이 만든 53개의 영화 필름통을 늘어놓고 포즈를 취하고 있다.

례식이 하필이면 – 그가 예수회 교단을 빗대어 빈정대며 얘기한 것처럼 – "종교의 경찰관"[223]에 의해서 진행되었다는 것도 커다란 아이러니이다. 그는 아마도 이에 대해 다음과 같이 반론을 제기했을지도 모른다.

"나는 경찰에 무슨 악감정을 가지고 있는 것은 아닙니다. 다만 그들을 두려워할 뿐이죠."[224]

주석

자주 인용되는 책들은 다음과 같은 약어로 표시했다.

TR = 프랑수와 트뤼포François Truffaut, 『히치콕 씨, 당신은 어떻게 그것을 만들었습니까?Mr. Hitchcock, wie haben Sie das gemacht?』, München, 1985. (이 책은 우리나라에서 번역, 출간된 적이 있다. 『히치콕과의 대화』, 곽한주·이채훈 옮김, 한나래, 1994)

SP = 도널드 스포토Donald Spoto, 『앨프레드 히치콕, 천재의 어두운 면Alfred Hitchcock, Die dunkle Seite des Genies』, München, 1986.

TY = 존 러셀 테일러John Russell Taylor, 『히치콕 전기Die Hitchcock-Biographie』, Frankfurt a. M. , 1986.

위의 세 책에서 인용된 문구들은 저자가 직접 원문에서 번역한 것이다. 책들의 원 제목은 다음과 같다.

François Truffaut, 『Le Cinéma selon Hitchcock』, Paris, 1966.

Donald Spoto, 『The Dark Side of Genius. The Life of Alfred Hitchcock』, Boston, 1983.

John Russell Taylor, 『Hitch. The Life and Work of Alfred Hitchcock』, New York, 1978.

1. TR 308
2. Jean-Luc Godard, in: Libération, 1980. 5. 2.
3. 감독으로서 찰리 채플린도 히치콕에 못지않은 명성을 누렸다. 다만 그는 영화감독보다 『방랑자The Tramp』의 배우로 세상에 알려지게 되었다는 점에서 다르다.
4. TR 253
5. TR 253
6. TR 312
7. SP 24
8. SP 29

9. TR 21

10. Oriana Fallaci, Alfred Hitchcock, in: O. Fallaci, The Egotists, Chicago, 1963, 249쪽
    에서 인용

11. TR 21

12. SP 27 이하

13. SP 606

14. SP 23

15. SP 29

16. TR 21 이하

17. In: Richard Schickel, The Man Who Made the Movies (텔레비전 인터뷰)

18. In: Gene D. Phillips, Alfred Hitchcock, London, 1986, 28쪽

19. Fallaci, 앞의 책, 224쪽

20. SP 45 이하 참조

21. SP 45 이하 참조

22. TY 29

23. SP 47

24. TR 21

25. SP 52

26. TR 22

27. TR 22 이하

28. TR 23

29. TR 22

30. SP 55

31. SP 55 이하

32. Alfred Hitchcock, Gas, in: The Henley, No. 1. 1919. 6.

33. SP 73

34. TR 114

35. TR 113

36. Rachael Low, The History of the British Film, 1906~1914, London, 1949 참조

37. 앞의 책, 138쪽

38. TR 28

30. SP 83 이하 참조

40. TR 25

41. SP 90

42. Eric Rohmer/Claude Chabrol, Hitchcock, Paris, 1957. 37쪽 참조

43. 이 사건을 말한 날짜에 대해 논란이 없지 않았다. 히치콕은 테일러에게 그것이 「불량
배」를 찍은 이후, 그러니까 1924년이라고 주장했고(TY 61), 스포토는 그들이 약혼한 것
은 1923년, 즉 그들이 「프루드의 몰락」에서 함께 일할 때였다고 기록했다(SP 84).

44. TR 29~34

45. Phillips, 앞의 책, 31쪽

46. TR 29

47. 1926년 3월 25일자

48. 1926. 3. 60쪽

49. TR 35

50. TR 35 이하

51. Bioscope, 1926. 10. 7.

52. TR 37

53. TR 37

54. TR 38

55. TR 37

56. TR 40 이하

57. Bioscope, 1926. 9. 16.

58. Low, 앞의 책, 177쪽 참조

59. TR 45

60. TR 45

61. SP 125 이하 참조

62. TR 47

63. TR 47

64. TR 47

65. TR 49

66. 이런 격찬들은 Daily Mail, Daily News, Daily Sketch, Daily Herald 등에 실렸다. 1927년 10월 6일자 Bioscope에서 인용

67. TR 50

68. SP 143

69. TR 52

70. TR 52

71. Jerzy Toeplitz, Geschichte des Films, Bd. 1: 1895~1933, München, 1987, 545쪽 이하 참조

72. 앞의 책, 545~569

73. TR 56 이하

74. TR 53

75. TR 53

76. TR 53

77. Robert Payne, Der große Charlie, Eine Biographie des Clowns, Frankfurt a. M., 1952, 184쪽 참조

78. In: Peter Bogdanovich, The Cinema of Alfred Hitchcock, New York, 1963, 13쪽

79. Alfred Hitchcock, Film Production. In: Encyclopedia Britannica, Bd. 15, London, 1972, 908쪽

80. TR 216

81. TR 53

82. Walter B. Pitkin/William M. Morston, The Art of Sound Pictures, New York/London, 1930, 11쪽

83. Alfred Hitchcock, Direction, in: Albert LaValley (Hg.), Focus On Hitchcock, Englewood Cliffs, 1972, 32~39. 이 부분은 37쪽에서 인용

84. Low, 앞의 책, 192쪽

85. In: LaValley, 앞의 책, 27쪽

86. 앞의 책, 27쪽

87. 여기서 '엘스트리'는 스튜디오의 이름이다.

88. TR 59

89. TR 59

90. TR 60

91. TR 60

92. TR 64

93. TR 67

94. A. Hitchcock, Direction, 앞의 책, 38쪽

95. TR 69

96. SP 141 참조

97. SP 164 참조

98. TR 71

99. TR 71

100. TR 73

101. TR 179

102. TR 74

103. TR 74

104. Variety, 1935. 4.

105. George Perry, The Films of Alfred Hitchcock, New York, 1965, 45쪽에서 인용

106. 여기에 제시된 모든 자료는 Michael Balcon/Ernest Lindgren/Forsyth Hardy/Roger Wanrell, Twenty Years of British Film 1925~1945, London, 1947, 15쪽에서 인용

107. TR 74

108. A. Hitchcock, Direction, 앞의 책, 36쪽 이하

109. 앞의 책, 32쪽

110. André Bazin, in: LaValley, 앞의 책, 63쪽

111. In: LaValley, 앞의 책, 25쪽

112. A. Hitchcock, Direction, 앞의 책, 34쪽

113. TR 97

114. TR 101

115. A. Hitchcock, Direction, 앞의 책, 35쪽

116. TR 81 참조

117. In: Schickel, 앞의 책 (텔레비전 인터뷰)

118. 맥거핀은 음악당에서 인기 있던 한 작품의 제목이다. 이것은 기차 여행을 하던 어떤 두 사람을 다루고 있다. 그중 한 사람이 상대방의 이상한 가방에 매우 관심이 많아 그것에 대해 질문을 했다. 상대방은, 이것은 맥거핀이라고 하는데 스코틀랜드 고지대에서 사자를 잡는 데 쓰는 것이라고 대답했다. "하지만 스코틀랜드에는 사자가 없는데요!", "그럼 그것은 맥거핀이 아닌가 보지요, 뭐."

119. In: LaValley, 앞의 책, 43쪽

120. TR 244

121. TR 114

122. TR 114

123. TR 110

124. 발음상 '녹음기Diktierer'라고도 할 수 있고, '독재자Diktator'라고도 할 수 있다.

125. SP 577

126. 이것은 1922년에 미국 영화 제작 및 보급자 협회Motion Picture Producers and Distributors of America/MPPA의 초대 회장이 된 전직 미국 체신부장관 윌리엄 헤이스William Hays를 본떠 붙인 이름이다. MPPA는 비공식 법규인 영화검열법을 만들어 자체 검열을 했다.

127. TR 116

128. Bodo Fründt, Alfred Hitchcock und seine Filme, München, 1986, 98쪽

129. TR 145

130. TY 237 참조

131. SP 272 참조

132. Hitchcocks Antwort, in: SP 272 참조

133. 이런 가상 장면은 곧 현실이 되었나. 이 영화기 처음 상영된 1940년 8월 28일로부터 열흘 뒤 실제 독일 비행기가 런던 폭격을 시작했기 때문이다.

134. Joe Morella/Edward Z. Epstein/John Griggs, The Films of World War II, Secaucus, 1973, 38쪽에서 인용

135. 앞의 책

136. TR 123

137. TR 130

138. TR 142 참조. Phillips, 앞의 책, 104쪽도 참조

139. Fründt, 앞의 책, 118쪽

140. "Transfert de culpabilte", (in: Rohmer/Chabrol, 앞의 책, 78쪽)

141. TR 148

142. TR 147 이하

143. TR 148

144. SP 319와 TY 225 이하 참조

145. TR 154

146. Ronald Haver, David O. Selznick's Hollywood, München, 1981, 345쪽 참조

147. TR 158

148. TR 159

149. SP 329

150. Fründt, 앞의 책, 134쪽

151. SP 339 참조

152. 이 「패러다인 부인의 재판」을 텔레비전용으로 개작한 영화(1962년)도 같은 운명을 겪
     었다.

153. SP 309 참조

154. SP 350 이하 참조

155. SP 611

156. SP 310과 TY 223의 몸무게 수치는 서로 일치하지 않는다. 하지만 그 차이는 별로 크지
     않다.

157. TR 174

158. Fründt, 앞의 책, 140쪽 참조

159. SP 360 참조

160. TR 183

161. TR 183

162. TR 179

163. TR 179

164. TR 179

165. TR 179

166. TR 184

167. TR 185

168. TR 185

169. TR 188

170. Raymond Chandler, Die simple Kunst des Mordes, Zürich, 1958, 163쪽

171. 앞의 책, 162쪽

172. TR 188

173. TR 188

174. Fründt, 앞의 책, 155쪽 이하 참조

175. TR 200

176. TR 207

177. TR 207

178. TR 217

179. SP 613

180. Peter Buchka, Mord als schone Kunst. In: Süddeutsche Zeitung, 1984. 3. 17/18.

181. TR 212

182. TR 212

183. TR 211

184. TR 222

185. TR 223

186. TR 223

187. TR 224

188. TR 83

189. TR 238

190. TR 238

191. TR 289

192. TR 220

193. Brian Anger, Hollywood Babylon, Bd. Ⅱ, München, 1985, 163쪽 이하

194. 실현되지 않았던 영화 「판사를 위한 보석금은 없다」를 의미한다.

195. SP 491~493 참조

196. 로드 무비의 연출 구조를 결정짓는 가장 중요한 요소는 주연배우들이 쉬지 않고 한 곳
     에서 다른 곳으로 여행을 하거나 혹은 도망쳐야 한다는 것이다.

197. TR 275

198. TR 291

199. SP 559

200. 1980년대에 이 시리즈 중 몇 편이 새로 영화화되었다. 이 프로의 시작과 끝에 히치콕이
     나와 이야기하던 부분은 전자 처리로 색채를 삽입한 것만 제외하고는 원형 그대로 보
     존되었다.

201. 「쇠약Breakdown」이라는 프로의 자막

202. 언급된 두 편의 시리즈 외에도 히치콕은 「의혹Suspicion」과 「포드 스타타임Ford Startime」
     이라는 두 편의 시리즈를 연출했다.

203. SP 206

204. SP 422

205. TY 273

206. 원래는 블라디미르 나보코프Vladimir Nabokov가 시나리오를 쓰기로 했으나 후에 취소
     했다. Sight and Sound, 1990. 봄, 105쪽 참조

207. Robert A. Harris/Michael S. Lasky, Alfred Hitchcock und seine Filme, München,
     1979, 239쪽에서 인용

208. TR 300

209. 제임스 본드 시리즈가 연출기법 면에서 보아 히치콕의 대작 「북북서로 진로를 돌려라」
     의 싸구려 복사판이라는 것은 아이러니컬한 일이다.

210. SP 565에서 인용

211. Eric Rohmer/Claude Chabrol, Hitchcock, Paris, 1957

212. 이에 대해 히치콕은 자신은 이미 문을 닫는 장치를 설치했으므로 더 이상 '오스카'가 필

요하지 않다는 유머 섞인 말로 아무렇지도 않다는 듯이 표현했다. (Phillips, 앞의 책, 180쪽 참조)

213. SP 597

214. SP 582

215. SP 610 참조

216. SP 618 이하

217. 문맥에 따라서 '가족 묘지' 또는 '가족 패거리'로 해석될 수 있다.

218. SP 618

219. SP 629

220. SP 630에서 인용

221. 앞의 책, 631쪽

222. SP 644 참조

223. Phillips, 앞의 책, 28쪽

224. TR 96

연보

1899 8월 13일, 앨프레드 조지프 히치콕은 런던 근교 레이턴스톤에서 야채상 윌리엄 히치콕과 그의 부인 에마 휠런의 셋째 아들로 출생. 나중에 앨프레드 히치콕의 부인이 된 알마 루시 레빌은 8월 14일에 노팅엄에서 출생.

1907 히치콕 가족, 런던 근교의 파플러로 이사.

1910 히치콕의 가족, 런던의 스탭니구로 이사.
10월부터 앨프레드는 이후 3년간 다니게 될 런던의 스탬퍼드힐에 있는 성 이그나티우스 학교에 입학.

1913 정규 학교교육을 마치고 런던대학교에서 여러 야간강좌 이수.

1914 12월 12일, 아버지 윌리엄 히치콕 사망.

1915 연초부터 헨리 전신회사에서 사무원으로 일함.

1919 6월, 회사 사보에 히치콕의 단편소설 「가스」 실림.

1920 런던의 이즐링턴에서 스튜디오를 운영하고 있던 미국 영화사 페이머스 플레이어스 래스키에 지원, 자막 초안 작성 작업 담당.

1921 페이머스 플레이어스 래스키에서 후에 그의 부인이 된 영화 편집자 알마 레빌을 알게 됨.

1922 미국 감독 조지 피츠모리스 및 다른 사람으로부터 영화 제작기술을 배움.
연말에 예상치 않게 영화 「피바디 부인」(처음 제목은 「13번」)의 감독을 의뢰받음.

1923 페이머스 플레이어스 래스키 사 파산 후 마이클 밸컨, 빅터 새빌, 존 프리드먼이 이즐링턴의 스튜디오를 인수. 그들의 첫 번째 영화 「여자 대 여자」에서 조감독을 맡음.

1924 밸컨이 게인스버러픽처스 사를 설립. UFA의 베를린 스튜디오가 만든 「하얀 그림자」, 「열정적 모험」, 「프루드의 몰락」, 「불량배」 등에서 히치콕은 여러 분야의 일을 맡음. 이곳에서 독일 표현주의 영화를 접함. 알마 레빌과 약혼.

1925 히치콕 최초의 단독 감독 작품인 「기쁨의 정원」이 완성됨. 그리고 그 후 「산 독수리」를 감독, 이 두 영화는 뮌헨에 있는 에멜카 스튜디오에서 촬영되었음.

1926 「하숙인」 감독. 12월 2일, 알마 레빌과 결혼.

1927 제작자 밸컨 밑에서 「몰락」과 「경솔한 미덕」을 감독.

영국 인터내셔널 픽처스BIP로 옮김. 여기서 「링」과 「농부의 아내」를 만듦.

1928 「샴페인」과 「맨Man섬의 사나이」 감독.

7월 7일, 딸 패트리샤 출생.

「협박」의 시나리오 집필 및 감독.

1929 영국 최초의 유성영화 「협박」 상영됨.

1930 숀 오케이시의 연극작품 「주노와 페이콕」을 영화화함.

자신의 상품 가치를 높이기 위해 '히치콕 베이커 프로덕션' 설립.

레뷔 영화 「엘스트리 콜링」의 기본틀 구성.

「살인자」, 「스킨 게임」 감독.

1931 연말경에 부인 알마와 딸 패트리샤와 함께 세계 여행.

1932 「17번지」, 「리치 앤 스트레인지」 감독.

「캠버 경의 여인들」의 제작자로 일함.

BIP를 떠남.

1933 「비엔나에서 온 왈츠」 감독. 이때 마이클 밸컨을 다시 만나게 됨. 밸컨은 히치콕을 고먼 트 브리티시 사에 고용함.

1934 「너무 많이 아는 사람」 감독.

크리스마스 때 처음으로 생모리츠로 휴가여행을 감. 그 후부터 이곳은 고정 휴가 장소 가 됨.

1935 「39계단」, 「비밀 첩보원」 감독.

1936 「사보타주」 감독.

고먼트 브리티시 사는 파산하고 히치콕은 게인스버러 사로 직장을 옮김.

1937 「젊음과 무죄」 감독.

첫 미국 여행.

「한 여자가 사라지다」 감독.

1938 6월, 다시 미국으로 여행

7월, 독립 제작자 데이비드 O. 셀즈닉과 계약.

가을 「자메이카 여관」 감독. 그해 뉴욕의 비평가들이 주는 '최우수 감독상'을 수상.

1939 3월, 가족이 로스앤젤레스로 이사, 그곳에서 토마스 만, 어니스트 헤밍웨이 등과 친분을 맺음.

가을 「레베카」 김독. 셀스닉은 '바람과 함께 사라지다」를 제작.

1940 셀즈닉과의 첫 번째 다툼.

「해외 특파원」, 「스미스 부부」 감독.

1941 「의혹」 감독.

1942 딸 패트리샤, 브로드웨이 무대에 데뷔.

히치콕은 손턴 와일더와 함께 「의혹의 그림자」의 시나리오를 쓰고 감독을 맡음.

「파괴 공작원」 감독.

9월 26일, 모친 영국에서 사망.

1943 1월 4일, 형 윌리엄 런던에서 사망.

「구명보트」 감독.

1944 런던에서 프랑스 레지스탕스를 지원하는 단편영화 「즐거운 여행」과 「마다가스카르의 모험」 감독.

미국으로 귀국, 「백색의 공포」 감독. 이 영화에 살바도르 달리가 참여함.

1945 「오명」 감독

1946 셀즈닉과의 결별을 대비, 자신의 제작회사인 트랜스아틀랜틱 픽처스 설립.

1947 셀즈닉과의 마지막 작품인 「패러다인 부인의 재판」 감독.

1948 자신이 설립한 제작사의 첫 영화 「올가미」(이 영화는 히치콕의 첫 컬러 영화이기도 함)와 「염소자리 아래서」 감독.

1949 「무대 공포증」 감독.

히치콕의 제작사 문 닫음.

이후 히치콕은 워너 브러더스에서 일함.

1950 패트리샤 하이스미스의 소설을 영화화한 「열차 안의 낯선 자들」 감독. 히치콕의 딸 패트리샤가 그의 영화에 처음으로 출연.

1952 「나는 고백한다」 감독.

1953 입체영화 기법이 이용된 영화 「다이얼 M을 돌려라」 감독.

1954 남프랑스에서 촬영된 「도둑 잡기」와 「해리의 소동」 감독.

1955 「너무 많이 아는 사람」(이 영화는 히치콕이 유일하게 다시 만든 영화임) 감독.

미국 시민권 획득.

10월, 텔레비전 시리즈에 처음으로 관여.

1956 「누명 쓴 사나이」 감독.

1957 가을, 나중에 "현기증"이라는 제목으로 바뀐 「죽은 자들 사이에서From Among the Dead」 감독.

9월 30일, 텔레비전 시리즈 『의혹』의 첫 회로 히치콕이 만든 「4시Four O'clock」가 방영됨.

클로드 샤브롤과 에리크 로메르가 히치콕 관련 첫 단행본을 출판. 이로써 히치콕은 세계적 영화예술가로 인정받음.

1958 「북북서로 진로를 돌려라」 감독.

1959 「판사를 위한 보석금은 없다」 프로젝트 실패.

1962 가을, 「사이코」 촬영 시작.

「새」 감독. 히치콕과 주연 여배우 티피 헤드런 사이에 긴장관계가 첨예하게 드러남.

1963 「마니」 감독.

1965 늦가을, 「찢어진 커튼」 촬영 시작.

1967 「찢어진 커튼」에 대한 비평을 들은 후 히치콕은 1년 동안 작품 활동을 완전히 중단.

1968 연초, '어빙 G. 샐버그 메모리얼' 상 수상. 캘리포니아대학교에서 명예박사학위 수여받음.

1971 「프렌지」 감독. 촬영은 런던에서 진행. 이로써 20년 만에 다시 고향에서 영화를 제작하게 됨.

1972 골든글로브상 수상. 콜럼비아대학교에서 명예박사학위 수여받음.

1974 10월, 심장 박동 촉진기 이식.

1975 「가족 음모」 감독. 육체의 기력이 쇠진.

1978 연초, 「짧은 밤」의 시나리오 작업 시작.

1979 3월, 미국 영화연구소로부터 '라이프 어치브먼트상Life Achievement Award' 수상.

정신적으로나 육체적으로 완전히 쇠약해짐. 영화 제작사에서 완전히 손을 뗌.

1980 4월 16일, 마지막으로 공개석상에 모습을 보임.

4월 29일 아침, 신장 기능 마비로 사망.

증언록

앙드레 바쟁André Bazin

앨프레드 히치콕의 영화 언어가 세계에서 가장 뛰어난 것이라는 점에는 의심의 여지가 없다. 나선형 형태의 카메라 움직임이라든가 두려움이나 절망 같은 가장 은밀한 감정을 표현하는 그의 능력에 견줄 만한 것이 세상에 없다는 것을 우리는 이제 잘 알고 있다. 불확실성을 느낄 수 있게 해주었다는 의미에서 그는 카메라의 지각 능력을 확장시켰다고 할 수 있다……. 주관적인 카메라도 중요하지만 영화의 주제를 잘 찾는다는 것은 더더욱 필요한 일이다!

– 출전: "연결된 고리Les enchaînés", in: L' Écran français, 1948. 3. 16. – 'les enchaines'는 히치콕의 영화
「오명」의 프랑스어 제목이다 – 옮긴이.

페터 부흐카Peter Buchka

히치콕은 자신의 예술이 지닌 대립적 요소들을 그의 모든 영화 속에서 슬그머니 섞어놓았고, 그것들을 서로서로 침투하게 하고, 이를 통해 변증법적으로 지양했다(이 점에서 그는 영국인이며 셰익스피어의 후예이다). 1950년대에…… 그의 마지막 임무는 자신의 미학적 입장을 영화 에세이를 빌려 완벽히 공식화하는 것이었다. 그리고 그것은 「이창」과 「현기증」에서 구현되었다.

– 출전: "아름다운 예술로서의 살인Mord als schöne Kunst", in: Süddeutsche Zeitung, 1984. 3. 17/18.

레이먼드 챈들러Raymond Chandler

영화 줄거리를 알기도 전에 머릿속으로 영화 전체를 그려내는 히치콕의 방식이 나를 매혹시킨다……. 그는 줄거리 자체의 구성보다는 세트, 분위기, 그리고 배경을 잘 이용할 줄 아는 감각을 지녔다. 그의 영화가 논리적으로 문제가 있고 요란한 사냥과도 같은 인상을 주는 것은 이 때문이라고 나는 생각한다…….

– 출전: 해미시 해밀턴Hamish Hamilton에게 보낸 1950년 9월 4일자 편지

보도 프륀트 Bodo Fründt

대부분의 관객들은 흔히 그를 서스펜스의 대가, 숨 막히는 긴장을 선사하는 감독으로 생각한다. 그는 영화를 통해 자기만의 독특한 세계를 구축했다. 그의 영화는 할리우드 최고의 상 '오스카'를 받지도 못했다. 겨우 말년에 가서야 그는 사람들의 인정을 받기 시작했다. 하지만 그는 처음부터 자신을 선전하는 데는 대가였다. 그는 자신을 유명인사로 만듦으로써 다른 사람들보다 더 나은 작업 조건을 얻었다……. 그는 자신의 이미지 뒤로 자기의 본 모습을 숨기기를 좋아했다.

– 출전: 『앨프레드 히치콕과 그의 영화Alfred Hitchcock und seine Filme』, München, 1986

장 뤼크 고다르 Jean-Luc Godard

첫 장면만 봐도 관객들은 그것이 히치콕의 영화임을 알 수 있다. 유명한 화가들처럼 그에게는 하나의 그림이 있다. 그리고 이 그림에 이어 다음 그림들이 끊임없이 이어진다. 그가 꽃 한 송이를 영상에 담으면 곧 그것은 하나의 이야기가 된다.

– 출전: 『영화 비평Filmkritik』, 1980. 6.

울리히 그레고어 Ulrich Gregor / **에노 파탈라스**Enno Patalas

그의 모든 영화 속에서 주인공은 자신 또는 다른 사람의 정체성이 산산이 부서져 나감을 경험한다. 자신이 다른 사람이 되도록 강요받거나, 혹은 그 사람이라고 생각했던 어떤 사람이 사실상 그 사람이 아니었음을 알게 된다.

– 출전: 『영화의 역사Geschichte des Films』, Reinbek, 1986

제임스 모나코 James Monaco

당시(1940년대) 할리우드에는 독특한 개성을 지닌 걸출한 인물들이 거의 없었다. 영국에서 자신의 스타일을 성숙시킨 앨프레드 히치콕은 1940년 미국에 도착한 이후 할리우드에서 뛰어난 작가auteur주의 감독으로서 자리를 굳혔다. 그는 반세기 동안 스릴러 장르를 지배했다. 그리고 그것은 사실상 그가 만든 장르라고 헤도 괴언이 아 ㅣ다.

– 출전: 『영화를 이해하는 법Film verstehen』, Reinbek, 1988

에리크 로메르Eric Rohmer / 클로드 샤브롤Claude Chabrol

히치콕은…… 영화의 역사에서 형식을 발견한 위대한 인물들 중 한 명이었다. 이 점에서 무르나우와 에이젠슈테인만이 그에게 필적할 수 있을 것이다……. 여기서 형식은 단지 내용을 위한 장식이 아니다. 그것은 내용을 창조한다. 히치콕의 전 작품은 이 방법론에 기초하고 있다.

– 출전: 『히치콕』, Paris, 1957

도널드 스포토Donald Spoto

다양한 성격의 소유자인 앨프리드 히치콕은 영화에서도 서로 대조되는 특징을 보여주었다. 한편으로 그는 공포와 놀람을 시적인 영상으로 처리하는 창조자였다. 그리고 그 창조자는 공포와 놀람에 길을 비켜주고 조용히 사라진다……. 다른 한편으로 오직 영화라는 수공업을 미친듯 영위하는 기술자로서의 히치콕이 있었다……. 거기에 영국 시민의 부끄러움 없는 자기표현이 있는 것이다. 그러나 성공과 출세에 전적으로 집중한 선전 전문가 히치콕도 있었다. 그리고 평범한 가장 히치콕이 있었다. 그는 극단적일 만큼 감정이 풍부한 인간이었다. 그는 엄청나게 뛰어난 사업가였으며 동시에 고민하는 예술가였다.

– 출전: 『앨프리드 히치콕. 천재의 어두운 면Alfred Hitchcock, Die dunkle Seite des Genies』, München, 1986

에르지 퇴플리츠Jerzy Toeplitz

영화관을 떠날 때 관객들은 마음의 동요를 집으로 가져간다. 그것은 방금 본 영화 때문에 생긴 구체적인 마음의 불안이 아니다. 그것은 '우리가 살고 있는 세계가 제대로 된 세계인가'라는 질문이 낳은 철학적인 불안감이다. 「의혹의 그림자」의 주인공이 씁쓸하게 던진 다음의 말이 진실이 아니라고 누가 장담하겠는가? "세상은 유일무이한 커다란 돼지우리이다."

– 출전: 『영화의 역사Geschichte des Films』, München, 1987

프랑수아 트뤼포François Truffaut

사실상 히치콕은 의심, 질투, 쾌락, 욕망 등의 감정을 설명 대사의 도움 없이 직접 영화화한 유일한 감독이다. 역설적으로 들릴지 모르지만 그러한 단순성과 명료성 때문에 앨프리드 히치콕 감독은 그 어떤 다른 감독보다 관객들의 접근이 쉽다. 동시에 그는 누구보다도 사람들 간의 미묘하기 이를 데 없는 관계를 가장 잘 영화화한 인물이다.

– 출전: 『히치콕 씨, 당신은 어떻게 그것을 만들었습니까?Mr. Hitchcock, wie haben Sie das gemacht?』, München, 1985

히치콕의 영화 목록

히치콕이 직접 감독했거나 스태프로 참여했던 모든 영화의 목록을 아래에 수록했다. 그의 이름으로 제작된 텔레비전 영화 중에서는 그가 직접 감독한 것만을 수록했다.

1. 극장 영화

1922 「항상 부인에게 말하세요Always Tell Your Wife」. Hugh Croise 감독이 주연 배우이자 시나리오 작가이며 제작자인 Beymour Hicks와 다투고 결별한 후 Hicks와 히치콕이 이 영화를 완성시킴. 제작: Famous Players-Lasky. 첫 상영: 1922

「13번Number Thirteen 또는 Mrs. Peabody」. 감독: Hitchcock. 카메라: Rosenthal. 출연: Clare Greet, Ernest Thesiger. 제작: Hitchcock (Famous Players-Lasky 의뢰). 1922년 말 제작을 시작했으나 미완성.

1923 「여자 대 여자Woman to Woman」. 감독: Graham Cutts. 조감독: Hitchcock. 시나리오: Graham Cutts, Hitchcock (원작: Michael Morton의 희곡). 카메라: Claude L. McDonnell. 구성: Hitchcock. 출연: Betty Compson, Clive Brook, Josephine Earle, Marie Ault. 제작: Balcon-Saville-Freedman. 첫 상영: 1923

1924 「하얀 그림자The White Shadow」. 감독: Graham Cutts. 시나리오: Michael Morton. 카메라: Claude L. McDonnell. 구성(그리고 편집): Hitchcock. 출연: Betty Compson, Clive Brook, A. B. Imeson, Henry Victor, Daisy Campbell, Olaf Hytton. 제작: Balcon-Saville-Freedman. 첫 상영: 1924

「프루드의 몰락The Prude's Fall」. 감독: Graham Cutts. 조감독: Hitchcock. 시나리오: Hitchcock. 출연: Betty Compson. 제작: Balcon-Saville-Freedman. 첫 상영: 1924

「열정적 모험The Passionate Adventure」. 감독: Graham Cutts. 조감독: Hitchcock. 시나리오: Hitchcock, Michael Morton (원작: Frank Stayton의 소설). 카메라: Claude L. McDonnell. 구성: Hitchcock. 출연: Alice Joyce, Clive Brooks, Lillian Hall-Davies,

Marjorie Daw, Victor McLaglen, Mary Brough, John Hamilton, J. R. Tozer. 제작: Gainsborough. 첫 상영: 1924

1925 「불량배The Blackguard」. 감독: Graham Cutts. 시나리오: Hitchcock (원작: Raymond Patton의 소설). 출연: Walter Rilla, Jane Novak, Bernhard Goetzke, Frank Stanmore, Rosa Valetti, Dora Bergner, Fritz Alberti. 제작: Gainsborough/UFA. 첫 상영: 1925

1927 「기쁨의 정원The Pleasure Garden」. 감독: Hitchcock. 시나리오: Eliot Stannard (원작: Oliver Sandys의 소설). 카메라: Baron Giovanni Ventimiglia. 출연: Virginia Valli, Carmelita Geraghty, Miles Mander, John Stuart, Nita Naldi. 제작: Gainsborough-Emelka. 첫 상영: 1927

「산 독수리The Mountain Eagle」. 감독: Hitchcock. 시나리오: Eliot Stannard 카메라: Baron Giovanni Ventimiglia. 출연: Bernhard Goetzke, Nita Naldi, Malcolm Keen, John Hamilton. 제작: Gainsborough-Emelka. 첫 상영: 1927

「하숙인The Lodger」. 감독: Hitchcock. 조감독: Alma Reville. 시나리오: Hitchcock, Eliot Stannard (원작: Marie Belloc-Lowndes의 소설). 카메라: Baron Giovanni Ventimiglia. 출연: Marie Ault, Arthur Chesney, June Tripp, Malcolm Keen, Ivor Novello. 제작: Gainsborough. 첫 상영: 1927

「몰락Downhill」. 감독: Hitchcock. 시나리오: Eliot Stannard (원작: Ivor Novello와 Constance Collier의 희곡). 카메라: Claude McDonnell. 출연: Ivor Novello, Robin Irvine, Sybil Rhoda, Ben Webster, Lilian Braithwaite, Isabel Jeans, Ian Hunter. 제작: Gainsborough. 첫 상영: 1927

「경솔한 미덕Easy Virtue」. 감독: Hitchcock. 시나리오: Eliot Stannard (원작: Noel Coward의 희곡). 카메라: Claude McDonnell. 출연: Isabel Jeans, Franklyn Dyall, Eric Bransby Williams, Ian Hunter, Robin Irvine, Violet Farebrother, Benita Hume. 제작: Gainsborough. 첫 상영: 1927

「링The Ring」. 감독: Hitchcock. 시나리오: Hitchcock (Alma Reville과 공동작업). 카메라: John C. Cox. 출연: Carl Brisson, Lillian Hall-Davis, Ian Hunter, Gordon Harker, Harry Terry, Forrester Harvey, Tom Helmore. 제작: British International Pictures. 첫 상영: 1927

1928 「농부의 아내The Farmer's Wife」. 감독: Hitchcock. 시나리오: Hitchcock (원작: Eden

Phillpotts의 희곡). 카메라: John C. Cox. 출연: Jameson Thomas, Lillian Hall-Davis, Gordon Harker, Maud Gill, Louise Pounds, Olga Slade, Antonia Brough. 제작: British International Pictures. 첫 상영: 1928

「샴페인Champagne」. 감독: Hitchcock. 시나리오 : Eliot Stannard (스토리: Walter C. Mycroft. 수정: Hitchcock). 카메라: John J. Cox. 출연: Betty Balfour, Jean Bradin, Gordon Harker, Ferdinand von Alten. 제작: British International Pictures. 첫 상영: 1928

1929 「맨Man섬의 사나이The Manxman」 감독: Hitchcock. 시나리오 : Eliot Stannard (원작: Hall Caine의 소설). 카메라: John C. Cox. 출연: Karl Brisson, Malcolm Keen, Anny Ondra, Randle Ayrton. 제작: British International Pictures. 첫 상영: 1929

「협박Blackmail」. 감독: Hitchcock. 시나리오: Hitchcock (원작: Charles Bennett의 희곡, 대사: Benn W. Levy). 카메라: John C. Cox. 출연: Anny Ondra, Sara Allgood, Charles Paton, John Longden, Donald Calthrop, Cyril Ritchard, Hannah Jones, Phyllis Monkaman, Harvey Braban. 제작: British International Pictures. 첫 상영: 1929

1930 「엘스트리 콜링Elstree Calling」. 감독: Hitchcock. Andre Charlot. Jack Hulbert, Paul Murray. 시나리오: Val Valentine. 카메라: Claude Friese-Green. 제작: British International Pictures. 첫 상영 : 1930

「주노와 페이콕Juno and the Paycock」. 감독: Hitchcock. 시나리오: Hitchcock. Alma Reville (원작: Sean O'Casey의 희곡). 카메라: John J. Cox. 출연: Sara Allgood, Edward Chapman, Marie O'Neill, Sidney Morgan. 제작: British International Pictures. 첫 상영: 1930

「살인Murder!」. 감독: Hitchcock. 시나리오: Alma Reville (원작: Clemence Dane과 Helen Simpson의 소설과 희곡). 카메라: John J. Cox. 출연: Norah Baring, Herbert Marshall, Miles Mander, Esme Percy, Edward Chapman, Phyllis Konstam, Donald Calthrop, Hannah Jones, Una O'Connor. 제작: British International Pictures. 첫 상영 : 1930

「존 경이 관여하다Sir John greift eln: 「살인」의 독일어판」. 영국판과 독일 스태프. 출연: Alfred Abel, Olga Tschechowa, Paul Graetz, Lotte Stein, Ekkehard Arendt, Jack Mylong-Munz, Louis Ralph, Hermine Sterler, Fritz Alverti, Hertha von Walter. 제작: British International Pictures/UFA. 첫 상영: 1930

1931 「**스킨 게임**The Skin Game」. 감독: Hitchcock. 시나리오: Hitchcock, Alma Reville (원작: John Galsworthy의 희곡). 카메라: John J. Cox. 출연: C. V. France, Helen Haye, Edmund Gwenn, Jill Esmond, John Longden, Phyllis Konstam, Frank Lawton. 제작: British International Pictures. 첫 상영: 1931

1932 「**리치 앤 스트레인지**Rich and Strange」. 감독: Hitchcock. 시나리오: Alma Reville (착상: Dale Collins. 수정: Hitchcock). 출연: Henry Kendall, Joan Barry, Percy Marmont, Betty Amann, Elsie Randolph. 제작: British International Pictures. 첫 상영: 1932

「**17번지**Number Seventeen」. 감독: Hitchcock. 시나리오: Alma Reville, Hitchcock, Rodney Ackland (원작: J. Jefferson Farjeon의 소설과 희곡). 출연: Leon M. Lion, Anne Grey, John Stuart, Donald Calthrop, Barry Jones, Ann Casson, Henry Caine, Garry Marsh. 제작: British International Pictures. 첫 상영: 1932

「**캠버 경의 여인들**Lord Camber's Ladies」. 감독: Benn W. Levy. 시나리오: Benn W. Levy (원작: Horace Annesley Vachell의 희곡). 출연: Gertrude Lawrence, Sir Gerald du Maurier, Benita Hume, Nigel Bruce. 제작: Hitchcock (British International Pictures 의뢰). 첫 상영: 1932

1933 「**비엔나에서 온 왈츠**Waltzes from Vienna」. 감독: Hitchcock. 시나리오: Alma Reville, Guy Bolton (원작: Bolton의 희곡). 출연: Jessi Matthews, Esmond Knight, Edmund Gwenn, Frank Vosper, Fay Compton. 제작: Tom Arnold. 첫 상영: 1933

1934 「**너무 많이 아는 사람**The Man Who Knew Too Much」. 감독: Hitchcock. 시나리오: Edwin Greenwood, A. R. Rawlinson (초안: Charles Bennett, D. B. Wyndham Lewis). 카메라: Curt Courant. 출연: Leslie Banks, Edna Best, Nova Pilbeam, Peter Lorre, Frank Vosper, Hugh Wakefield, Pierre Fresnay, Cicely Oates, D. A. Clarke Smith, George Curzon. 제작: Gaumont-British. 첫 상영: 1934

1935 「**39계단**The Thirty-nine Steps」. 감독: Hitchcock. 시나리오: Charles Bennett, Alma Reville (원작: John Buchan의 소설). 카메라: Bernard Knowles. 출연: Robert Donat, Madeleine Carroll, Lucie Mannheim, Godfrey Tearle, John Laurie, Peggy Ashcroft, Helen Haye, Frank Cellier, Wylie Watson, Gus MacNaughton, Jerry Verno, Peggy Simpson. 제작: Gaumont-British. 첫 상영: 1935

1936 「**비밀 첩보원**Secret Agent」. 감독: Hitchcock. 시나리오: Charels Bennett (원작:

Campbell의 Dixon의 희곡과 Somerset Maugham의 소설. 수정: Alma Reville, Ian Hay, Helen Simpson). 카메라: Bernard Knowles. 출연: John Gielgud, Madeleine Carroll, Peter Lorre, Robert Young, Percy Marmont, Florence Kahn, Charles Carson, Lilli Palmer, Micherl Saint-Denis. 제작: Gaumont-British. 첫 상영: 1936

「사보타주Sabotage」. 감독: Hitchcock. 시나리오: Charles Bennett (원작: Joseph Conrad 의 소설. 수정: Alma Reville, Ian Hay, Helen Simpson, E. V. H. Emmett). 카메라: Bernard Knowles. 출연: Sylvia Sidney, Oscar Homolka, Desmond Tester, John Loder, Joyce Barbour, William Dewhurst, Martita Hunt, Peter Bull. 제작: Gaumont-British. 첫 상영: 1936

1938 「젊음과 무죄Yong and Innocent」. 감독: Hitchcock. 시나리오: Charles Bennett, Edwin Greenwood, Anthony Armstrong (원작: Josephine Tey의 소설. 수정: Alma Reville, Gerald Savory). 카메라: Bernard Knowles. 출연: Nova Pilbeam, Derrick de Marney, Percy Marmont, Edward Rigby, Mary Clare, John Longden, George Curzon, Basil Radford, Pamela Carme. 제작: Gainsborough/Gaumont-British. 첫 상영: 1938

「한 여자가 사라지다The Lady Vanishes」. 감독: Hitchcock. 시나리오: Sidney Gilliat, Frank Launder (원작: Ethel Lina White의 소설. 수정: Alma Reville). 카메라: John J. Cox. 출연: Margaret Lockwood, Michael Redgrave, Dame May Whitty, Paul Lukas, Cecil Parker, Linden Travers, Naunton Wayne, Basil Radford, Mary Clare, Catherine Lacey, Josephine Wilson, Kathleen Tremaine, Emile Boreo, Googie Withers. 제작: Gainsborough. 첫 상영: 1938

1939 「자메이카 여관Jamaica Inn」. 감독: Hitchcock. 시나리오: Sidney Gilliat, Joan Harrison (원작: Daphne du Maurier의 소설. 수정: Alma Reville, J. B. Priestley). 카메라: Harry Stradling, Bernard Knowles. 출연: Charles Laughton, Leslie Banks, Marie Ney, Maureen O'Hara, Robert Newton, Emlyn Williams, Wylis Watson, Mervyn Johns, Edwin Greenwood. Stephen Haggard. 제작: Mayflower Pictures. 첫 상영: 1939

1940 「레베카Rebecca」. 감독: Hitchcock. 시나리오: Robert F. Sherwood, Joan Harrison (원작: Daphne du Maurier의 소설. 수정: Philip MacDonald, Michael Hogan). 카메라: George Barnes. 출연: Laurence Olivier, Joan Fontaine, Judith Anderson, George Sanders, Florence Bates, Nigel Bruce, Gladys Cooper, C. Aubrey Smith, Melville Cooper,

Leo G. Carroll, Forrester Harvey, Reginald Denny, Lumsden Hare, Philip Winter, Edward Fieding. 제작: David O. Selznick. 첫 상영: 1940

「**해외 특파원**Foreign Correspondent」. 감독: Hitchcock. 시나리오: Charles Bennett, Joan Harrison (수정: James Hilton, Robert Benchley). 카메라: Rudolph Mate. 출연: Joel McCrea, Laraine Day, Albert Bassermann, Robert Benchley, Edmund Gwenn, Harry Davenport, Eduardo Cianelli, Eddi Conrad, Frances Carson, Martin Kosleck, Gertrude W. Hoffman. 제작: Walter Wanger/United Artists. 첫 상영: 1940

1941 「**스미스 부부**Mr. and Mrs. Smith」. 감독: Hitchcock. 시나리오: Norman Krasna. 카메라: Karry Stradling. 출연: Carole Lombard, Robert Montgomery, Gene Raymond, Philip Merivale, Lucile Watson, Jack Carson, William Tracy. 제작: KP Radio Pictures. 첫 상영: 1941

「**의혹**Suspicion」. 감독 : Hitchcock. 시나리오: Samson Raphaelson, Joan Harrison, Alma Reville 원작: Francis Iles의 소설. 카메라: Harry Stradling. 출연: Joan Fontaine, Cary Grant, Sir Cedric Hardwicke, Dame May Whitty, Nigel Bruce, Isabel Jeans, Heather Angel, Auriol Lee, Reginald Sheffield, Leo G. Carroll. 제작: RKO Radio Pictures. 첫 상영: 1941

1942 「**파괴 공작원**Saboteur」. 감독: Hitchcock. 시나리오: Peter Viertel, Joan Harrison, Dorothy Parker (착상: Hitchcock). 카메라: Joseph Valentine. 출연: Robert Cummings, Priscilla Lane, Otto Kruger, Alma Kruger, Norman Lloyd. 제작: Frank Lloyd/ Universal. 첫 상영: 1942

1943 「**의혹의 그림자**Shadow of a Doubt」. 감독: Hitchcock. 시나리오: Thornton Wilder, Sally Benson, Alma Reville (스토리: Gordon McDonnell). 출연: Joseph Cotten, Teresa Wright, MacDonald Carey, Patricia Collinge, Henry Travers, Hume Cronyn, Edan May Wonacott, Charles Bates, Wallace Ford, Eily Malyon, Estelle Jewell. 제작: Jack M. Skirball/Universal. 첫 상영: 1943

1944 「**구명보트**Lifeboat」. 감독: Hitchcock. 시나리오: Joe Swerling (스토리: John Steinbeck). 카메라: Glen MacWilliams. 출연: Tallulah Bankhead, John Hodiak, William Bendix, Walter Slezak, Mary Anderson, Hume Cronyn, Henry Hull, Heather Angel, Canada Lee. 제작: 20th Century Fox. 첫 상영: 1944

「즐거운 여행Bon Voyage」. 감독: Hitchcock. 시나리오: J. O. C. Orton, Angus McPhail (착상: Arthur Calder-Marshall). 카메라: Gunther Krampf. 출연: John Blyth, The Moliere Players. 제작: British Ministry of Information. 첫 상영: 1993

「마다가스카르의 모험Aventure Malgache」. 감독: Hitchcock. 카메라: Gunther Krampf. 출연: The Moliere Players. 제작: British Ministry of Information. 첫 상영: 1993

1945 「백색의 공포Spellbound」. 감독: Hitchcock. 시나리오: Ben Hecht (원작: Francis Beeding의 소설). 카메라: George Barnes. 출연: Ingrid Bergman, Gregory Peck, Leo G. Carroll, Norman Lloyd, Rhonda Fleming, Michael Chekhov, John Emery, Bill Goodwin, Art Baker, Wallace Ford. 제작: David O. Selznick. 첫 상영: 1945

1946 「오명Notorious」. 감독: Hitchcock. 시나리오: Ben Hecht (착상: Hitchcock). 카메라: Ted Tezlaff. 출연: Ingrid Bergman, Cary Grant, Claude Rains, Leopoldine Konstantin, Louis Calhern, Reinhold Schnzel, Ivan Triesault, Alex Minotis, Eberhard Krumschmidt, Sir Charles Mendl, Moroni Olsen, Ricardo Costa. 제작: RKO Radio Pictures. 첫 상영: 1946

1947 「패러다인 부인의 재판The Paradine Case」. 감독: Hitchcock. 시나리오: David O. Selznick (원작: Robert Hichens의 소설. 수정: Alma Reville). 카메라: Lee Garnes. 출연: Alida Valli, Gregory Peck, Ann Todd, Charles Laughton, Ethel Barrymore, Chales Coburn, Joan Tetzel, Louis Jordan, Leo G. Carroll, Isobel Elsom, Pat Aherne, John Williams. 제작: David O. Selznick. 첫 상영: 1947

1948 「올가미Rope」. 감독: Hitchcock. 시나리오: Arthur Laurents (원작: Patrick Hamilton의 희곡. 수정: Hume Cronyn). 카메라: Joseph Valentine, William V. Skall. 출연: James Stewart, John Dall, Farley Granger, Sir Cedric Hardwicke, Constance Collier, Douglas Dick, Edith Evanson, Joan Chandler, Dick Hogan. 제작: Sidney Bernstein, Hitchcock (Transatlantic Pictures). 첫 상영: 1948

1949 「염소자리 아래서Under Capricorn」. 감독: Hitchcock. 시나리오: James Bridie (원작: John Colton, Margaret Linden의 희곡과 Helen Simpson의 소설). 카메라: Jack Cardiff. 출연: Joseph Cotten, Ingrid Bergman, Michael Wilding, Margaret Leighton, Cecil Parker, Denis O'Dea, Jack Watting. 제작: Sidney Bernstein, Hitchcock (Transatlantic Pictures). 첫 상영: 1949

1950 「무대 공포증Stage Fright」. 감독: Hitchcock. 시나리오: Whitfield Cook (원작: Selwyn Jepson의 소설. 수정: Alma Reville, James Bridie). 카메라: Wilkie Cooper. 출연: Marlene Dietrich, Jane Wyman, Michael Wilding, Richard Todd, Alastair Sim, Sybil Thorndike, Kay Walsh, Patricia Hitchcock, Joyce Grenfell, Miles Melleson, Hector MacGregor, Ballard Berkeley, Andre Morell. 제작: Hitchcock/Warner Brothers—First National Pictures. 첫 상영: 1950

1951 「열차 안의 낯선 자들Strangers on a Train」. 감독: Hitchcock. 시나리오: Raymond Chandler. Czenzi Ormonde. Whitfield Cook (원작: Patricia Highsmith의 소설). 카메라: Robert Burks. 출연: Robert Walker, Farley Granger, Laura Elliott, Ruth Roman, Patricia Hitchcock, Leo G. Carroll, Marion Lorne, Janathan Hale. 제작: Hitchcock/Warner Brothers—First National Pictures. 첫 상영: 1951

1953 「나는 고백한다I Confess」. 감독: Hitchcock. 시나리오: George Tabori, William Archibald (원작: Paul Anthelme의 희곡). 카메라: Robert Burks. 출연: Montgomery Clift, Anne Baxter, Karl Malden, Roger Dann, O. E. Hasse, Dolly Haas, Brian Aherne, Charles Andr, Judson Pratt, Ovila Legare, Giles Pelletier. 제작: Hitchcock/Warner Brothers—First National Pictures. 첫 상영: 1953

1954 「다이얼 M을 돌려라Dial 'M' for Murder」. 감독: Hitchcock. 시나리오: Frederick Knott (원작: 동일 작가의 희곡). 카메라 : Robert Burks. 출연: Ray Milland, Grace Kelly, Robert Cummings, Anthony Dawson, John Williams, Leo Britt, Patrick Allen, George Leigh, George Alderson, Robin Hughes. 제작: Hitchcock/Warner Brothers—First National Pictures. 첫 상영: 1954

「이창Rear Window」. 감독: Hitchcock. 시나리오: John Michael Hayes (원작: Cornell Woolrich의 단편소설). 카메라: Robert Burks. 출연: James Stewart, Grace Kelly, Thelma Ritter, Raymond Burr, Wendell Corey, Irene Winston, Judith Evelyn, Ross Bagdasarian, Georgine Dracy, Jesslyn Fax, Rand Harper. 제작: Hitchcock/Paramount Pictures. 첫 상영: 1954

1955 「도둑 잡기To Catch a Thief」. 감독: Hitchcock. 시나리오: John Michael Hayes (원작: David Dodge의 소설). 카메라: Robert Burks, Wallace Kelly. 출연: Cary Grant, Grace Kelly, Jessie Royce Landis, John Williams, Brigitte Auber, Charles Vanel, Ren

Blancard. 제작: Hitchcock/Paramount Pictures. 첫 상영: 1955

「해리의 소동The Trouble with Harry」. 감독: Hitchcock. 시나리오: John Michael Hayes (원작: J. Trevor Story의 소설). 카메라: Robert Burks. 출연: Edmund Gwenn, John Forsythe, Shirley MacLaine, Mildred Natwick, Mildred Dunnock, Jerry Mathers, Royal Dano, Parker Fennelly, Philip Truex. 제작: Hitchcock/Paramount. 첫 상영: 1955

1956 「너무 많이 아는 사람The Man Who Knew Too Much」. 감독: Hitchcock. 시나리오: John Michael Hayes, Angus McPhail (스토리: Charles Bennett, D. B. Wyndham Lewis). 카메라: Robert Burks. 출연: James Stewart, Doris Day, Christopher Olsen, Bernard Miles, Brenda de Banzie, Reggie Nalder, Daniel Gelin, Ralph Truman, Mogans Wieth, Alan Mowbray, Hilary Brooke, Carolyn Jones, Richard Wattis, Alix Talton. 제작: Hitchcock/Paramount. 첫 상영: 1956

「누명 쓴 사나이The Wrong Man」. 감독: Hitchcock. 시나리오: Maxwell Anderson, Angus McPhail (스토리: Anderson). 카메라: Robert Burks. 출연: Henry Fonda, Vera Miles, Anthony Quayle, Esther Minciotti, Harold J. Stone, John Heldabrand, Doreen Lang, Laurinda Barrett, Norma Connolly, Lola 'Annunzio, hemiah Persoff, Robert Essen, Kippy Campbell, Dayton Lummis, Charles Cooper, Peggy Webber, Richard Robbins. 제작: Hitchcock/Warner Brothers—First National Pictures. 첫 상영: 1956

1958 「현기증Vertigo」. 감독: Hitchcock. 시나리오: Alec Coppel, Samuel Taylor (원작: Pierre Boileau, Thomas Narcejac의 소설). 카메라: Robert Burks. 출연: James Stewart, Kim Novak, Barbara Bel Geddes, Tom Helmore, Konstantin Shayne, Henry Jone, Raymond Bailey, Ellen Corby, Lee Patrick. 제작: Hitchcock/Paramount. 첫 상영: 1958

1959 「북북서로 진로를 돌려라North by Northwest」. 감독: Hitchcock. 시나리오: Ernest Lehman. 카메라: Robert Burks. 출연: Cary Grant, Eva Maire Saint, James Mason, Jessie Royce Landis, Leo G. Carroll, Philip Ober, Martin Landau, Adam Williams, Robert Ellenstein. 제작: Hitchcock/MGM. 첫 상영: 1959

1960 「사이코Psycho」. 감독: Hitchcock. 시나리오: Joseph Stefano (원작: Robert Bloch의

소설). 카메라 : John L. Russell. 출연: Anthony Perkins, Janet Leigh, Vera Miles, John Gavin, Martin Balsam, John McIntire, Lurene Tuttle, Simon Oakland, Frank Albertson, Patricia Hitchcock, Vaughn Taylor, Mort Mills, John Anderson. 제작: Hitchcock/Paramount. 첫 상영: 1960

1963 「새The Birds」. 감독: Hitchcock. 시나리오: Evan Hunter (원작: Daphne du Maurier의 단편소설). 카메라: Robert Burks. 출연: Tippi Hedren, Rod Taylor, Jessica Tandy, Suzanne Pleshette, Veronica Cartwright, Ethel Griffies, Charles McGraw, Ruth McDevitt, Malcolm Atterbury, Lonny Chapman, Elizabeth Wilson, Joe Mantell, Doodles Weaver, John McGovern, Karl Swenson, Richard Deacon, Doreen Lang. 제작: Hitchcock/Universal. 첫 상영: 1963

1964 「마니Marnie」. 감독: Hitchcock. 시나리오: Jay Presson Allen (원작: Winston Graham 의 소설). 카메라: Robert Burks. 출연: Tippi Hedren, Sean Connery, Diane Baker, Louise Latham, Martin Gabel, Bob Sweeney, Alan Napier, Mariette Hartley, Edith Evanson, S. John Launer, Meg Wyllie, Bruce Dern. 제작 : Hitchcock/Universal. 첫 상영: 1964

1966 「찢어진 커튼Torn Curtain」. 감독: Hitchcock. 시나리오: Brian Moore. 카메라: John F. Warren. 출연: Paul Newman, Julie Andrews, Lila Kedrova, Wolfgang Kieling, Tamara Toumanova, Ludwing Donath, David Opatoshu, Hansjorg Felmy, Gunther Strack, Gisela Fischer, Mort Mills, Carolyn Conwell, Arthur Gould—Porter, Gloria Gorvin. 제작: Hitchcock/Universal. 첫 상영: 1966

1969 「토파즈Topaz」. 감독: Hitchcock. 시나리오: Samuel Taylor (원작: Leon Uris의 소설). 카메라: Jack Hildyard. 출연: Frederick Stafford, John Forsythe, Dany Robin, John Vernon, Karin Dor, Michel Piccoli, Philippe Noiret, Claude Jade, Roscoe Lee Brown, Per—Axel Arosenius, Michel Subor. 제작: Hitchcock/Universal. 첫 상영: 1969

1972 「프렌지Frenzy」. 감독: Hitchcock. 시나리오: Anthony Shaffer (원작: Arthur La Bern의 소설). 카메라: Gil Taylor. 출연: Jon Finch, Barry Foster, Barbara Leigh—Hunt, Anna Massey, Aley McCowen, Vivien Merchant, Bille Whitelaw, Clive Swift, Bernard Cribbins, Elsie Randolph, Michael Bates, Jean March. 제작: Hitchcock/Universal.

첫 상영: 1972

1976 「**가족 음모**Family Plot」. 감독: Hitchcock. 시나리오: Ernest Lehman (원작: Victor Canning의 소설). 카메라: Leonard South. 출연: Bruce Dern, Karen Black, Barbara Harris, William Devane, Ed Lauter, Cathleen Nesbitt, Katherine Helmond, Warren J. Jemmerling, Edith Atwater, William Prince, Nicolas Colasanto, Marge Redmond. 제작: Hitchcock/Universal. 첫 상영: 1976

2. 텔레비전 영화

1955 「**복수**Revenge」. 감독: Hitchcock. 시나리오: Francis Cockrell, A. I. Bezzerides (스토리: Samuel Blas). 카메라: John. L. Russell. 출연: Ralph Meeker, Vera Miles, Frances Bavier, Ray Montgomery. 방송사: CBS. 첫 방영: 1955. 10. 2.

「**쇠약**Breakdown」. 감독: Hitchcock. 시나리오: Francis Cockell, Louis Pollock (스토리: Louis Pollock). 카메라: John. L. Russell. 출연: Joseph Cotten, Raimund Bailey, Forrest Stanley, Lane Chandler. 방송사: CBS. 첫 방영: 1955. 11. 13.

1956 「**펠햄 씨 사건**The Case of Mr. Pelham」. 감독: Hitchcock. 시나리오: Francis Cockrell (스토리: Anthony Armstrong). 카메라: John L. Russell. 출연: Tom Ewell, Raymond Bailey, Kirby Smith, Kay Stewart. 방송사: CBS. 첫 방영: 1956. 3. 4.

「**크리스마스를 위한 귀환**Back for Christmas」. 감독: Hitchcock. 시나리오: Francis Cockrell (스토리: John Collier). 카메라: John L. Russell. 출연: John Williams, Isobel Elsom, A. E. Gould—Porter, Gavin Muir. 방송사 : CBS. 첫 방영: 1956. 3. 4.

「**비 내리는 토요일**Wet Saturday」. 감독: Hitchcock. 시나리오: Marian Cockrell (스토리: John Collier), 카메라: John L. Russell. 출연: Sir Cedric Hardwicke, John Williams, Kathryn Givney, Tita Purdom. 방송사: CBS. 첫 방영: 1956. 9. 30.

「**블랜처드 씨의 비밀**Mr. Blanchard's Secret」. 감독: Hitchcock. 시나리오: Sarett Rudley (스토리: Emily Neff). 카메라: John L. Russell. 출연: Mary Scott, Robert Horton, Dayton Lummis, Meg Mundy. 방송사: CBS. 첫 방영: 1956. 12. 23.

1957 「**1마일 더**One More Mile to Go」. 감독: Hitchcock. 시나리오: James P. Cavanagh (스토

리: F. J. Smith). 카메라: John L. Russell. 출연: David Wayne, Louise Larrabee, Steve Brodie, Norman Leavitt. 방송사: CBS. 첫 방영 : 1957. 4. 7.

「**4시Four O'Clock**」. 감독: Hitchcock. 시나리오: Francis Cockrell (스토리: Cornell Woolrich). 카메라: John L. Russell. 출연: E. G. Marshall, Nancy Kelly, Richard Long, Jesslyn Fax. 방송사: NBC. 첫 방영: 1957. 9. 30.

「**완전 범죄The Perfect Crime**」. 감독: Hitchcock. 시나리오: Stirling Silliphant (스토리: Ben Ray Redman). 카메라: John L. Russell. 출연: Vincent Price, James Gregory, John Zaremba, Marianne Stewart. 방송사: CBS. 첫 방영: 1957. 10. 20.

1958 「**도살된 양Lamb to the Slaughter**」. 감독: Hitchcock. 시나리오: Roald Dahl (스토리: Roald Dahl). 카메라: John L. Russell. 출연: Barbara Del Geddes, Harold J. Stone, Allan Lane, Ken Clark. 방송사: CBS. 첫 방영 : 1958. 4. 13.

「**풀에 뛰어들기Dip in the Pool**」. 감독: Hitchcock. 시나리오: Robert C. Dennis, Francis Cockrell (스토리: Roald Dahl). 카메라: John F. Warren. 출연: Keenan Wynn, Louise Platt, Philip Bourneuf, Fay Wray. 방송사: CBS. 첫 방영: 1958. 9. 14.

「**독약Poison**」. 감독: Hitchcock. 시나리오: Casey Robinson (스토리: Roald Dahl). 카메라: John L. Russell. 출연: Wendell Corey, James Donald, Arnold Moss, Weaver Levy. 방송사: CBS, 첫 방영: 1958. 10. 5.

1959 「**뱅코의 의자Banquo's Chair**」. 감독: Hitchcock. 시나리오: Francis Cockrell (스토리: Rupert Croft-Cooke). 카메라 : John L. Russell. 출연 : John Williams, Kenneth Haigh, Reginald Gardiner, Max Adrian. 방송사: CBS. 첫 방영: 1959. 5. 3.

「**아더Arthur**」. 감독: Hitchcock. 시나리오: James P. Cavanagh (스토리: Arthur Williams). 카메라: John L. Russell. 출연: Laurence Harvey, Hazel Court, Robert Douglas, Patrick MacNee. 방송사: CBS. 첫 방영 : 1959. 9. 27.

「**수정 참호The Crystal Trench**」. 감독: Hitchcock. 시나리오: Stirling Silliphant (스토리: A. E. W. Mason). 카메라: John F. Warren. 출연: James Donald, Patricia Owens, Ben Astar, Werner Klemperer. 방송사: CBS. 첫 방영: 1959. 10. 4.

1960 「**모퉁이에서 일어난 일Incident at the Corner**」. 감독: Hitchcock. 시나리오: Charlotte Armstrong (스토리: Charlotte Armstrong). 카메라: John L. Russell. 출연: Paul Hartman, Vera Miles, George Peppard, Bob Sweeney. 방송사: NBC. 첫 방영: 1960. 4. 5.

「빅스비 부인과 대령의 외투Mrs. Bixby and the Colonel's Coat」. 감독: Hitchcock. 시나리오: Halstedt Welles (스토리: Roald Dahl). 카메라: John L. Russell. 출연: Audrey Meadows, Les Tremayne, Stephen Chase, Sally Hughes. 방송사: NBC. 첫 방영: 1960. 9. 27.

1961 「경마광The Horeplayer」. 감독: Hitchcock. 시나리오: Henry Slesar (스토리: Henry Slesar). 카메라: John L. Russell. 출연: Claude Rains, Ed Gardner, Percy Helton, Kenneth MacKenna. 방송사: NBC. 첫 방영: 1961. 3. 14.

「탕! 너는 죽었다Bang! You're Dead」. 감독: Hitchcock. 시나리오: Harold Swanton (스토리: Margery Vosper). 카메라: John L. Russell. 출연: Biff Elliott, Lucy Prentiss, Billy Mumy, Steven Dunne. 방송사: NBC. 첫 방영: 1961. 10. 17.

1962 「나는 모든 것을 보았다I Saw the Whole Thing」. 감독: Hitchcock. 시나리오: Henry Slesar (스토리: Henry Cecil). 카메라: Benjamin H. Kline. 출연: John Forsythe, Kent Smith, Evans Evans, John Fiedler. 방송사: NBC. 첫 방영: 1962. 10. 11.

참고 문헌

1. 참고 문헌 및 영화 목록

히치콕에 대한 가장 포괄적인 참고 문헌

Hans J. Wulff: All About Alfred, Münster, 1988

히치콕의 가장 포괄적인 영화 목록을 위한 참고 문헌

Bodo Fründt: Alfred Hitchcock und seine Filme, München, 1986, pp. 260~293

Gene D. Phillips: Alfred Hitchcock, London, 1986, pp. 189~206

Donald Spoto: Alfred Hitchcock. Die dunkle Seite des Genies, München, 1986, pp. 660~675

John Russell Taylor: Die Hitchcock-Biographie. Alfred Hitchcock Leben und Werk, Frankfurt a. M., 1982, pp. 371~390

François Truffaut: Mr. Hitchcock, wie haben Sie das gemacht?, München, 1985, pp. 313~327

2. 히치콕이 직접 쓴 글

히치콕이 이름을 빌려주었으나 한 번도 편집자나 저자로서 참여한 적이 없는 문고판 시리즈 'Alfred Hitchcock's Mystery Magazine'은 제외되었다.

Gas. In: The Henley, Nr. 1, Juni 1919

More Cabbages, Fewer Kings. In: Kine Weekly, 14. Januar 1937, p. 30

The Woman Who Knows Too Much. In: McCall's, März 1956

Film Production In: The Encyclopedia Britannica, Bd. 15, London, 1927, pp. 907~910

Direction In: Albert LaValley (Hg.), Focus on Hitchcock, Englewood Cliffs, 1972, pp. 32~39

Rear Window. In: LaValley. a. a. O., pp. 40~47

Production Methods Compared. In: Richard Koszarski (Hg.). Hollywood Directons: 1941~76, New York. 1977. pp. 156~161

3. 인터뷰

Truffaut, François und Claude Chabrol: Entretien avec Alfred Hitchcock. In: Cahiers du Cinéma, Nr. 44. Februar 1955. pp.19~31

Roche, Cathérine de la: Conversation with Hitchcock. In: Sight and Sound, winter 1955~56

Bitsch, Charles und François Truffaut: Rencontre avec Alfred Hitchcock. In: Chahiers du Cinéma, Nr. 62, August~September. 1956. p. 1~5

Havemann, Ernest: We Present Alfred Hitchcock. In: Theatre Arts, Nr. 9. September 1956. p. 27~28 und 91~92

「Murder − with English on It」. In: New York Times Magazine, 3. März 1957. p. 17

「Why You Need Thrills and Chills」. In: This Week Magazine, 22. September 1957

Baly, Atra: Hitchcock: Gooseflesh In His Aim. In: New Journal American, 23. September 1959

「Pourquoi j ai peur la nuit」. In: Arts. Nr. 77. 1. Juni 1960

Fallaci, Oriana: Alfred Hitchcock. In: O. Fallaci. The Egotists, Chicago, 1963

「Hitchcock and the Dying Art: His Recorded Comments」. In: Film, Sommer 1966.

Martin, Pete: Alfred Hitchcock: Pete Martin Calls on Hitchcock. In: Harry M. Geduld (Hg.), Film Makers on Film Making, Bloomington und London, 1967

Lightman, Herb: Hitchcock Talks About Lights. Camera, Action. In: American Cinematographer, Mai 1967. p. 333

「A Talk with Alfred Hitchcock」. In: Action, Nr.3. Mai~Juni 1968. pp. 8~10

Higham, Charles, und Joel Greenberg: Alfred Hitshcock. In: Higham/Greenberg, The Celluloid Muse: Hollywood Directors Speak, London, 1971. pp. 86~103

Bogdanovich, Peter: Interview with Alfred Hitchcock. In: Allbert LaValley (Hg.). Focus on Hitchcock. Englewood Cliffs, 1972. pp 28~31

「Der Kartoffelstaub auf dem Busen des Mädchens」. Hitchcock im Interview mit Hanns

Fischer. In: Frankfurter Rundschau, 21. Oktober 1972

Samuels, Charles Thomas: Encountering Directors, New York, 1972

Schickel, Richard: The Man Who Made the Movies. TV-Interview. 1983 (Sendung des

Westdeutschen Rundfunks 1987)

Truffaut, François: Mr. Hitchcock, wie haben Sie das gemacht?, München, 1985

4. 히치콕과 그의 영화에 대한 일반 참고 문헌

Amengual, Barthélemy, und Raymond Borde: Alfred Hitchcock, Lyon, 1960

Bazin, André: Panormique sur Alfred Hitchcock. In: L'Écran Français, Nr. 238, Januar

1950

—: La cinéma de la cruauté, Paris, 1975

Blumenberg, Hans C.: Die frühen Filme von Alfred Hitchcock. In: Fernsehen und Film.

August~Oktober, 1969

Bogdanovich, Peter: The Cinema of Alfred Hitchcock, New York, 1963

Bond, Kirk: The Other Alfred Hitchcock. In: Film Culture, Sommer 1966. pp. 30~35

Brill, Lesley: The Hitchcock Romance: Love and Irony in Hitchcock's Films, Princeton,

1988

Brown, Royal D: Herrmann, Hitchcock, and the Music of the Irrational. In: Cinema

Journal, Frühjahr 1982. p.35

Buchka, Peter: Die Rückkehr der Menschenfresser. Alfred Hitchcocks englische

Periode (1925~39): die Emanzipation von der Literatur. In: Süddeutsche Zeitung, 29/30,

Juni 1974

—: Mord als schöne Kunst. Zum Comeback alter Hitchcock-Filme. In: Süddeutsche

Zeitung, 17/18. März 1984

Chandler, Raymond: Die simple Kunst des Mordes, Zurich, 1975 (pp. 162~66 zu

「Strangers on a Train」)

Demonsablon, Phillipe: Lexique mythologique pour l'œuvre de Hitchcock. In: Cahiers

du Cinéma. Nr. 62, August~September 1956. p. 17ff

244

Durgnat, Raymond: The Strange Case of Alfred Hitchcock, London, 1974

Dynia, Philip: Alfred Hitchcock and the Ghost of Thomas Hobbes. In: Cinema Journal, Nr. 2, Frühjahr 1976. pp. 27~41

Finler, Joel W.: Alfred Hitchcock. The Hollywood Years, London, 1992

Fischer, Robert: Regie: Alfred Hitchcock. Eine Bilddokumentation seiner Kunst, Schondorf, 1979

Freeman, David: The Last Days of Alfred Hitchcock, Woodstock, 1984

Fründt, Bodo: Alfred Hitchcock und seine Filme, München, 1986

Gilliat, Penelope: The London Hitch. In: The New Yorker, 11, September 1971, pp. 91~93

Godard, Jean-Luc: Le Cinema et son double. In: Cahiers du Cinéma, Nr. 72, Juni 1957, pp. 35~42

Harris, Robet A. und Michael S. Lasky: Alfred Hitchcock und seine Filme, Hg. von Joe Hembus, München, 1982

Humphries, Patrick: The Films of Alfred Hitchcock, New York, 1986

Karasek, Hellmuth: Aus dem Reich des Toten. In: Der Spiegel, Nr. 8, 1984, pp. 174~183

Kindem, Gorham Anders: Toward a Semiotic Theory of Visual Communication: The Color Films of Alfred Hitchcock, New York, 1980

Kloppenburg, Josef: Die dramaturgische Funktion der Musik in den Filmen Alfred Hitchcocks, München, 1986

Lambert Gavin: Hitchcock and the Art of Suspense. In: American Film. Januar~ Februar 1976. p. 18

LaValley, Albert (Hg.): Focus on Hitchcock, Englewood Cliffs, 1972

Leff, Leonard J.: Hitchcock and Selznick: The Rich and Strange. Collaboration of Alfred Hitchcock and David O. Selznick, New York, 1987

Manz, Hans Peter: Alfred Hitchcock, Zürich, 1962

Millar, Gavin: Hitchcock versus Truffaut. In: Sight and Sound. Frühjahr 1969. pp. 82~87

Modleski, Tania: The Woman Who Knew Too Much: Hitchcock and Feminist Theory, New York, 1988

Pcrry, George: The Films of Alfred Hitchcock, New York und London, 1965

Phillips, Gend D.: Alfred Hitchock, London, 1986

Pratley, Gerald: Alfred Hitchcock's Working Credo. In: Films in Review, Nr. 10. Dezember 1952, p. 501

Rohmer, Eric und Claude Chabrol: Hitchcock, Pairs, 1957

Rothman, William: Hitchcock. The Murderous Gaze, Cambridge, Mass, 1982

Ryall, Tom: Alfred Hitchcock and the British Cinema, Urbana und Chicago, 1986

Simone, Sam P.: Hitchcock as Activist. Politics and the War Films, Ann Arbor, 1985

Simsolo, Noël: Alfred Hitchcock, Paris, 1969

Sonbert, Warren: Alfred Hitchcock: Master of Morality. In: Film Culture, Nr. 41, Sommer 1966, pp. 35~38

Spoto, Donald: The Art of Alfred Hitchcock, New York, 1976

—: Alfred Hitchcock. Die dunkle Seite des Genies, München, 1986

Taylor, John Russell: Die Hitchcock-Biographie. Alfred Hitchcocks Leben und Werk, Frankfurt a. M., 1982

Thomas, Bob: Directors in Action, New York, 1973

Truffaut, Francois: Seine wirkiche Stärke ist die Emotion. Zum 80. Geburtstag von Alfred Hitchcock. In: Frankfurter Rundschau, 13. August 1979

Weis, Elizabeth: The Silent Scream: Alfred Hitchcock's Sound Track. East Brunswick, 1982

Wood, Robin: Hitchcock's Films, London, 1965

—: Hitchcock's Films Revisited, New York, 1989

Wulff, Hans J.: All About Alfred: Hitchcock-Bibliografie, Münster, 1988

Yacowar, Maurice: Hitchcock's British Films, Hamden, 1977

5. 영화사 및 영화 제작기술 등에 관한 참고 문헌

Agel, Henri: Esthétique du cinéma, Paris, 1957

Armes. Roy: A Critical History of British Cinema, London, 1978

Arngeim, Rudolf: Film als Kunst, Berlin, 1932

Balazs. Bela: Der sichtbare Mensch, Wien und Leipzig, 1924

—: Der Geist des Films, Halle, 1930

Balcon. Michael: Ernest Lindgren, Forsyth Hardy und Roger Manvell: Twenty Years of British Film 1925~1945, London, 1947

Baxter, John: The Gangster Film, New York, 1970

Behlmer, Rudy (Hg.): Memo from: David O. Selznick. With an Introduction by S. N. Behrman, New York, 1971

Betts, Ernest: The Film Business. A History of British Cinema 1896~1972, London, 1973

Brunel, Adrian: Nice Work. The Story of Thirty Years in British Film Production, London, 1949

Davy, Charles: Footnotes to the Film, London, 1937

Eisner, Lotte: Murnau. Der Klassiker des deutschen Films, Hannover, 1967

Gregor, Ulrich. und Enno Patalas: Geschichte des Films, 2Bde., Reinbek, 1986

Haver, Ronald: David O. Selznick's Hollywood, München, 1983

Hecht. Ben: A Child of the Century, New York, 1955

Kracauer, Siegfried: Von Caligari zu Hitler. Eine psychologische Geschichte des deutschen Films, Frankfurt a. M., 1984

Lindsay, Vachel: The Art of the Moving Picture, New York, 1970

Macgowan. Kenneth: Behind the Screen. The History and Techniques of the Motion Picture, New York, 1965

Monaco. James: Film verstehen. Kunst, Technilk, Sprache, Geschichte und Theorie des Films, Reinbek, 1988

Noble, Peter: Anthony Asquith, London o. J.

Perry, George: The Great British Picture Show, London, 1974

Pitkin, Wallter B, und William M. Marston: The Art of Sound Pictures, New York und London, 1930

Rivkin, Allen, und Laura Kerr: Hello, Hollywood! A Book About the Movies by the People Who Make Them, New York, 1962

Sennet, Ted: Warner Brothers Presents. The Most Exciting Years—From the Jazz Singer to White Heat, O. O., 1971

Seeßlen, Georg: Kino der Angst. Geschichte und Mythologie des Film—Thrillers. Reinbek, 1980

—: Mord im Kino. Geschichte und Mythologie des Detektiv—Films, Reinbek, 1981

Seeßlen, Georg, und Claudius Weil: Kino des Phantastischen. Geschichte und Mythologie des Horror—Films, Reinbek, 1980

Staples, Donald E.: The American Cinema, Washington, 1973

Stepun, Fedor: Theater und Kino, Berlin, 1932

Taylor, John Russell: Cinema Eye, Cinema Ear, London, 1964

Toeplitz, Jerzy: Geschichte des Films, 2Bde., München, 1987

Umbehr, Heinz: Der Tonfilm, Grundlagen und Praxis seiner Aufnahme, Bearbeitung und Vorführung, Berlin, 1930

Wald, Jerry, und Richard Macaulay: The Best Picture 1939~1940 and the Year Book of Motion Picture in America, New York, 1940

Wright, Basil: The Use of the Film, London, 1948

"나는 너무나 두려움이 많습니다. 그래서 나는 모든 종류의 어려움과 복잡함에서 벗어나기 위해 내가 할 수 있는 모든 것을 하죠." _ 히치콕

오래전 독일 유학을 처음 시작했을 무렵 '로볼트 시리즈'의 번역을 부탁받았다. 일단 그 시리즈의 목록을 훑어보고 흔쾌히 번역을 결심했다. 무엇보다도 그 시리즈에 『히치콕』이 있었기 때문이었다. 당시 주저 없이 영화 쪽을 선택했던 것은 나로서는 당연한 일이었다. 그 무렵 나는 히치콕 감독, 그리고 그의 영화들에 폭 빠져 있었다. 아마도 히치콕의 영화들이 '재미있다'는 사실 때문만은 아니었던 것으로 기억된다.

사실 그 시절에도 나는 예술 – 통속이라는 '근거 없는' 이분법을 믿지는 않았지만, 영화를 맘껏 볼 수 없었던 시절을 보내야 했던 내게 영화는 막연한 반감의 대상이었다. 독일로 유학을 떠나기 전까지는 영화를 상당히 멀리했으니 말이다. 물론 그것은 상요된 신덕이었을 것이다. '검열' 때문만은 아니었다. 당시에는 좋은 영화를 볼 수 있는 사회적 인프라가 갖춰지지 못했다. 영화에 대한 막연한 반감은

강렬한 애정의 방어였다.

독일에서 공부를 시작한 후 맘껏 영화에 접할 수 있게 되면서 옛날에 가졌던 영화에 대한 막연한 반감을 반성(?)해야만 했다. 영화의 위력을 깨닫고 난 후 영화 예찬론자가 되었고, 시간이 날 때마다 닥치는 대로 영화를 보았다. 그리고 적어도 '부업'으로라도 영화 평론을 하고 싶다는 생각을 했지만, 불행히도 그 뜻을 이루지는 못했다. 그러나 돌아보면 당시 시간이 날 때마다 영화를 보는 습관을 갖게 된 것은 커다란 행운이었다. '영상언어'라는 것이 세상에 없었다면, '글자' 읽기를 주업으로 삼기 위한 모든 과정이 지극히 건조하고 따분하게만 느껴졌을 것이다. 철학과 정신분석학을 전공하던 내게 특히 히치콕의 영화는 유명한 고전들과 비교해도 손색이 없는 '움직이는' 고전으로 다가왔다.

좋은 예가 하나 생각난다. 정신분석학과 철학 책에 항상 나오는 '대상'(또는 객체)이라는 말이 있다. 많은 머리 좋은 이들이 이 단어 때문에 골머리를 앓았는데, 히치콕도 예외는 아니었다. (그도 정신분석학 예찬론자였다.) 그런데 이러한 문제들을 위트 있게 다루는 그의 솜씨가 놀랍다.

히치콕은 자기가 생각하는 '대상'을 '맥거핀Mcguffin'이라고 불렀다.

"맥거핀은 음악당에서 인기 있던 한 작품의 제목이다. 이것은 기차 여행을 하던 어떤 두 사람을 다루고 있다. 그중 한 사람이 상대방의 이상한 가방에 매우 관심이 많아 그것에 대해 질문을 했다. 상대방은 이것은 맥거핀이라고 하는데 스코틀랜드 고원지대에서 사자를 잡는 데 쓰는 것이라고 대답했다.

'하지만 스코틀랜드에는 사자가 없는데요!'

'그럼 그것은 맥거핀이 아닌가 보죠. 뭐.'" (본서, 101쪽 및 주 119 참조)

여기에서 히치콕이 생각한 '대상' 개념이 무엇인지 잘 드러난다. '대상'이란 아무것도 아닌 것이다. 대상은 실제로는 존재하지 않지만 사자를 잡는 데 사용된다. 따라서 맥거핀이 없다면 사자도 존재하지 않는다.

> "맥거핀은 영화의 등장인물들이 굉장히 중요하게 생각하고 그것을 둘러싸고 이야기가 진행되지만 관객들과는 사실상 별 이해관계가 없는 것들입니다. (본서, 101쪽)

그리하여 무無에 불과한 이 '대상'을 놓고 목숨을 건 치열한 드라마가 – 음모, 사랑, 범죄, 복수, 첩보 등이 – 펼쳐진다. 「39계단」의 군용기 엔진의 공식, 「해외 특파원」의 비밀 조항, 「한 여자가 사라지다」의 멜로디, 「오명」의 우라늄이 들어 있는 병 등등. 히치콕은 맥거핀을 통해 자신만의 고유한 '공포영화' 장르를 완성했다.

물론 히치콕 감독이 던지는 질문은 이것으로 끝나지 않는다. 정신병의 문제, 강박적 집착과 히스테리적 욕망, 퇴락한 아버지, 어머니의 초자아, 잡을 수 없는 여자, 허망한 정치…. 이런 흥미진진한 정신분석학적 주제는 물론이고, 다양한 실존적 문제들을 히치콕은 다룬다.

이 책『히치콕』은, 히치콕 영화가 TV에서 명절 때가 되면 의례적으로 방영되었던 한물간 옛 영화가 아니라는 것을 잘 알고 있는 독자들로 하여금 히치콕 영화를 좀 더 깊이 이해할 수 있도록 도와주는 대중적인 입문서이다. 저자는 히치콕 영화의 주제와 기법, 그리고 히치콕 자신의 삶과 관심사, 영화의 역사 등 히치콕 영화와 관련된 전반적 내용들을 생생하게 우리에게 전달한다. 그의 재치 있고 간결한 문장은 이 책을 읽는 즐거움을 배가시켜줄 것이다.

이 책이 처음 출간된 후 아주 오랜 시간이 흘렀고, 그 사이 언제쯤인가 절판된 이 책을 이화북스에서 다시 출간하게 되었다. 오랜 옛 친구 또는 잃어버린 추억의 물건을 다시 찾은 느낌이다. 이러한 신선한 기쁨을 선사해준 이화북스에 감사드린다.

홍준기

찾아보기

누구나 인간 시리즈

한나 아렌트

세계 사랑으로 어둠을 밝힌
정치철학자의 삶

**한나 아렌트를 처음 만나는
이들을 위한 선물과도 같은 책**

국립중앙도서관 사서 추천도서

조제프 푸셰

어느 정치적 인간의 초상

**최고의 전기 작가
슈테판 츠바이크의 역작**

쇼펜하우어

쇼펜하우어와
철학의 격동시대

**전 세계가 인정하는
쇼펜하우어 대표 전기**

니체

그의 사상의 전기

**프리드리히
니체 상 수상작**

츠바이크 선집

**광기와
우연의 역사**

키케로에서 윌슨까지
세계사를 바꾼 순간들

**전 세계 50여 개국 출간
최고의 전기 작가
슈테판 츠바이크의 대표작**

에리히 캐스트너 시집

마주 보기

에리히 캐스트너 박사가
시로 쓴 가정상비약

교과서 토론 시리즈

교과서 토론

| 4차 산업혁명 |

4차 산업혁명을 둘러싼
흥미진진한 맞짱 토론

교과서 토론

| 환경 |

환경 쟁점을 둘러싼
흥미진진한 맞짱 토론

누구나 탐구 시리즈

누구나 탐구

| 날리기 과학 |

현직 과학 선생님들이 만든
20가지 과학 탐구 실험

공부법

**서울대 합격생
엄마표 공부법**

서울대 합격생
엄마들의 입시 성공 노하우
전격 공개